Vi darò un cuore nuovo
e metterò dentro di voi uno spirito nuovo;
toglierò dal vostro corpo il cuore di pietra,
e vi darò un cuore di carne.

(Ezechiele 36,26)

È dalla terra, dalla solidità, che
deriva necessariamente un parto
pieno di gioia e il sentimento paziente
dell'opera che cresce, delle tappe che si susseguono,
aspettate quasi con calma, con sicurezza.
Occorre soffrire perché la verità non si cristallizzi in dottrina,
ma nasca dalla carne.

(Emmanuel Mounier)

Nota dell'autore

Nel titolo di questo libro c'è una eco letteraria. Qualcuno rammenterà il romanzo di Peter Høeg *Il senso di Smilla per la neve,* dove la protagonista ha una sensibilità così profonda per la neve da scoprire i labili indizi di un delitto impressi su una superficie così friabile.

Ma la storia di Eva – il suo "senso" – è di tutt'altro genere, ed è la scoperta, attraverso tracce di dolore, speranze e incontri imprevisti, del valore immenso e del significato di Eva stessa e di qualsiasi vita umana, in qualunque condizione si trovi. È merito delle associazioni Insieme per Cristina e Amici di Beatrice avermi guidato in questa scoperta.

Non è una storia per pochi

Ho conosciuto Eva e la sua famiglia, i Lappi, fin dai primi tempi del mio arrivo a Bologna. Me ne avevano subito parlato in diversi. Forse ha ragione uno degli otto figli quando, lamentandosi scherzosamente, dice che la loro casa è diventata "il servizio di accoglienza della Diocesi". E forse è un po' vero, pensando anche a me, ai miei predecessori e ai tanti che scoprono in questa famiglia una casa di amore tra le case.

È sempre stata una casa aperta. Papa Francesco nella *Fratelli tutti* lo chiede in maniera forte, anche perché desidera sia che le nostre comunità diventino famiglie aperte e accoglienti sia che le nostre famiglie siano sempre in relazione con il prossimo. «Non posso ridurre la mia vita alla relazione con un piccolo gruppo e nemmeno alla mia famiglia, perché è impossibile capire me stesso senza un tessuto più ampio di relazioni. La nostra relazione, se è sana e autentica, ci apre agli altri che ci fanno crescere e ci arricchiscono. Il legame di coppia e di amicizia è orientato ad aprire il cuore attorno a sé, a renderci capaci di uscire da noi stessi fino ad accogliere tutti» (*Fratelli tutti*, 89).

Scopriamo che a casa di Eva hanno abitato, senza formalismi e solo per quella tenera e umana accoglienza che è dimensione costitutiva del pensarsi assieme, tante persone, chi per pochi giorni chi per mesi: dei senza fissa dimora, dei tossicodipendenti, oppure dei disagiati, degli ex carcerati, delle prostitute o dei rom. Insomma una piccola "casa della carità".

Ogni parrocchia e comunità, a dire il vero, è, in qualche modo, una casa della carità per i propri fratelli più piccoli e aiuta ad amare Gesù nel suo corpo così come conserva l'eucarestia nel tabernacolo. Ecco perché alcuni parroci vicini, a volte, mandano a casa Lappi delle persone che hanno confessato, per far loro vivere la vera penitenza, cioè per far sperimentare la gioia di amare, perché cambiare significa imparare a farlo, non semplicemente pagare lo scotto. E la carità copre sempre una moltitudine di peccati, perché ci rende forti nell'affrontare il male.

È una casa con i problemi di tutti, i limiti e le discussioni, ma sempre una casa di gioia. E questo è allo stesso tempo il segreto e il frutto dell'amore. Tanta parte della vita è intorno a Eva, cuore di questa storia, la cui debolezza è sostenuta e circondata da tanta tenerissima e intelligente attenzione, presenza loquace e radiosa di vita a dispetto delle paure, dei pregiudizi, delle misure avare di amore. Lei, appesa com'è a un esilissimo filo, è fortissima, proprio perché comunica tanto amore ed è tanto amata.

Ecco perché è possibile essere nella gioia nonostante si debbano affrontare non pochi problemi e una condizione oggettivamente difficile. Non c'è nulla di straordinario nelle pagine che ci descrivono la vita ordinaria di questa famiglia. Sì, è l'amore che dona forza e consolazione. Solo questo. Ci possiamo chiedere: con tutti i problemi quotidiani, con la debolezza di Eva, che pure dona tanta forza, ma richiede un grande impegno, perché accogliere altri problemi? Spesso dimentichiamo che il Signore moltiplica il poco che abbiamo e che, quando impariamo ad amare, non costa farlo per qualcuno in più. Anzi: "tutti furono saziati" (Gv 6,12)!

È il segreto del Vangelo, quello che don Dossetti viveva nel suo impegno assoluto di ascolto della Parola e di preghiera e da cui nasceva un'intelligenza di amore nella storia e nella città degli uomini.

Leggendo queste pagine capiamo cosa rende una vita realmente piena, meritevole d'essere vissuta e tesa a un'autentica felicità. Di qualunque vita si tratti. I Lappi ci aiutano ad affrontare i problemi sempre con tanta accoglienza e senza cedere al vittimismo, che è frutto e causa di debolezza e che rende i problemi, che pure ci sono, più grandi o addirittura troppo grandi. Non pensavano che Eva riuscisse a contagiare altri. Dubitavano, perché la parola della scienza diceva altro. Eva sa bene che la scienza sa tante cose, ma spesso dimentica l'essenziale: la scienza non conosce i miracoli. Eppure, qualcuno dice che i miracoli esistono!

Gesù pensa possibile per tutti, e non esclusiva o selettiva per pochi, la sua avventura di letizia e di amore per il prossimo. Tutti possono viverla, perché essa trasforma le difficoltà in opportunità e riesce a rendere luminosa la debolezza, perché amata. E l'amore non finisce, anzi, si moltiplicherà sempre: questo è il miracolo di Dio, che è amore.

Matteo Maria Zuppi
Cardinale arcivescovo di Bologna
Presidente della Conferenza Episcopale Italiana

Prologo

Cor ad cor loquitur.

(Francesco di Sales)

Eva è loquace. Sorride. Non vorrebbe smettere mai di diffondere i suoi messaggi. Ha cose importanti da far sapere. Deve comunicarle, non può farne a meno. Ne dubiterete, lo sappiamo, ma basta esserle vicini, anche solo per pochi istanti, per percepire il suo messaggio. Di certo ha anche fretta, il tempo potrebbe non bastarle. Ha bisogno di condividere le cose che sente e capisce. Ha bisogno di dare e ricevere affetto. Riceve tanto, ma forse è ancora di più quello che regala.

Eva ha trovato una nave dove viaggiare. È una strana imbarcazione, sembra una grande scialuppa di salvataggio. C'è una ciurma particolare, a bordo. Nonostante ci siano tanti posti occupati, loro continuano a imbarcare viaggiatori, nuotatori inesperti, naufraghi disperati o semplicemente dubbiosi. Non chiedono pedaggi all'ingresso. Che sia per tragitti brevi o lunghi, non importa. Lanciano anche salvagenti, se serve.

Non l'hanno programmato. Non hanno studiato in alcun laboratorio come fare. Non vogliono salvare il mondo. Eva non ha pensato a tutto questo. Questo lungo viaggio non era studiato a tavolino. Può anche darsi che qualche imprecazione o pianto e lamento sia stato udito, talvolta, in questa strana tolda. Resta il fatto che Eva, contro le previsioni dei più, ha trovato una pattuglia – qualcuno si spinge a dire una tribù – con la quale fare un lungo pezzo di strada e solcare un grande mare, senza spostarsi che di poche centinaia di metri.

Può darsi che non ci crediate, ma ha un suo uditorio. Potrebbe anche allargarsi, il suo pubblico, visto che la sua nave è ormeggiata in un posto facile da raggiungere e ha le paratie sempre aperte. Nemmeno il virus che affligge il mondo ha potuto ostacolare questa imbarcazione che viaggia con Eva a bordo. A volte venti impetuosi e mareggiate l'hanno sferzata. I suoi marinai conoscono salite e discese tra i marosi della vita. Sanno che anche domani ci saranno altre tempeste. Sono coscienti che ogni settimana c'è una battaglia per restare attaccati alla vita. Ma custodiscono uno strano segreto, che non gli appartiene. E che non vogliono trattenere gelosamente per sé.

Eva è una ragazzina che non doveva arrivare dove è arrivata. I medici non credevano che potesse fare tanta strada. Qualcuno dubitava che avesse tante cose da dire e da fare. Non pensavano che riuscisse a contagiare altri esseri umani. Dubitavano, perché la parola della scienza diceva altre cose. Eva sa bene che la scienza sa tanto, ma non sa l'essenziale. La scienza non conosce i miracoli. Eppure, qualcuno dice che esistono. L'equipaggio della nave di Eva ha invocato a lungo qualche miracolo. Oppure uno solo. Vi diranno – se provate a salire, anche solo per poco tempo, sulla loro piccola grande nave – che hanno avuto risposta. Non come l'immaginavano. Non come la pensavano altri. Non come avrebbero detto i dottori del corpo umano.

Eva non parla. Eva fatica a respirare. Da 18 anni.

Eva è aggrappata alla vita con un filo sottile e molti marchingegni. Eva, se siete distratti, non la vedrete. Non vi accorgerete del suo cuore. Penserete che sia solo uno strano corpicino fatto di pelle e ossa. Una povera anima informe. Un piccolo mucchietto di stracci – amato, certo, accudito – ma del quale non riuscirete a capire il valore. Penserete dentro di voi, di primo acchito – lo fanno tutti, non scandalizzatevi – che per lei sarebbe stato meglio un altro e più breve viaggio. Il più indolore possibile. Eva non sarebbe d'accordo. Molti altri, dopo averla incontrata ed essere entrati in quel piccolo tempio che è la sua casa, non sarebbero d'accordo.

Forse non è da tutti, c'è chi resterà scettico o distante, comunque s'intravede con facilità il tesoro di Eva. Basta non essere privi di una domanda. Basta conservare un po' di stupore e non allontanarsi, per paura, dal suo lettino. Vi capiterà d'intravedere che, in questo misterioso viaggio nella vita e nel dolore, possiamo non essere soli.

Eva è un mistero che bisognerà pur provare a raccontare. Le parole faticheranno a spiegarla. Così come faticano a raccontare le altre, come lei, che pure esistono o sono state dimenticate e sepolte nei sentieri e negli anfratti sconosciuti di questo mondo. Forse il linguaggio, se non è poesia, non renderà appieno la piccola grande fiaccola che Eva regge, immobile, dal suo lettino. Sappiate in ogni caso che anche lei è stata voluta, così com'è. Fragile oltre ogni dire. Imprevedibilmente viva. Imprevedibilmente amata.

Eva, piccola grande donna, segno del Mistero che abbraccia tutte le cose.

In principio

Se non ci aspettiamo l'inaspettato,
perché mai muoverci?

(Gilbert Keith Chesterton, *Eretici*)

Prima c'è la madre. Gli uomini dovranno farsene una ragione. Anche i numerosi figli, esuberanti e padroni del futuro, dovranno per un attimo fermarsi. Prima, in questa nostra storia, c'è Claudia. Non aveva probabilmente nemmeno lontanamente pensato, quand'era una ragazzina, a tutto quel che il destino aveva in serbo per lei nel futuro. Non sapeva, la giovane Claudia, cosa l'attendeva, il 4 gennaio del 2005.

Si possono immaginare miracoli, ma non pianificarli. E non si riescono a programmare o evitare croci e prove. Si possono chiedere benedizioni e guarigioni, questo sì, ma Eva non era nei piani. Non era nel manuale con le istruzioni di quei medici che per primi la videro e non capirono. Così non era previsto che passasse, in quelle stanze sterili della vita e del dolore, un uomo di Dio che vide e previde quel che i medici non vedevano. Non era nei pensieri di Claudia adolescente nemmeno un certo Roberto, un solido ceppo d'origine romagnola, che sarebbe diventato il compagno fedele e appassionato di un lungo cammino.

A diciott'anni la vita ha ancora intatte le promesse, l'orizzonte non è opaco. Del resto, le avranno già chiesto innumerevoli volte, negli ultimi venti o trent'anni: «Ti saresti mai immaginata quello che il destino ti stava preparando? Eri pronta?». Nessuno è pronto, ma il cuore non si arrende se trova un nuovo alimento, se scopre il segreto della speranza. Claudia – e con lei, nel tempo, gli abitanti del suo piccolo grande villaggio – ha detto sì, ha detto molti sì. Come disse di sì, pur nell'oscurità, un'antica ragazzina ebrea. Anche Roberto ha detto il suo sì infuocato. Più volte.

Qualcun altro, stordito o perplesso, ha sicuramente domandato a Claudia e a Roberto: «Rifareste tutto quello che avete vissuto?».

Per avere la risposta, occorre bussare alla porta della famiglia Lappi, quasi all'ombra del Colle della Guardia che domina Bologna, e guardare. Foste anche disincantati e scettici, come la maggioranza degli uomini e delle donne di questo stanco Occidente e di questa non più sazia Bologna, qualcosa forse trapelerà anche per voi. E capirete cosa è cambiato nella loro vita, il 4 gennaio del 2005 e ogni santo giorno di questo terzo millennio che avanza a fatica. Perché quel 4 gennaio è lì, a tavola e nella casa, presente. Da oltre 18 anni.

Claudia Monteverdi è nata a Bologna il 7 aprile del 1967. La seguirà poi di qualche mese una sorella, più giovane. Roberto sbarca sulla terra, assieme a un fratello gemello eterozigote, il 29 febbraio del 1968. È la data dell'anno bisestile per antonomasia. Chi è in cerca di presagi sui quali provare a ricamare oroscopi, ne ha qui uno imponente. Nasce a Bologna, ma la famiglia, di origini contadine e imprenditoriali, ha radici in Romagna, dalle parti di Viserba e Viserbella. Le loro traiettorie esistenziali s'incroceranno e s'impasteranno più di 25 anni dopo.

Il nucleo familiare di Claudia – come lei lo descrive – è una normalissima famiglia. Il padre è artigiano, dedito a un mestiere oggi raro: tappezziere. La madre fa la commessa. Vivono a Casalecchio di Reno. Nel suo bagaglio culturale il padre ha solo gli studi elementari, però ha una intensa e vorace passione per la lettura e trasmette a Claudia questo amore per il sapere. È una passione che la farà diventare, con gli studi universitari, una laureata in fisica. Una scienziata, insomma, anche se lei probabilmente riderebbe a sentirsi definire così.

Pur avendole fatto fare il cammino religioso tradizionale e iniziale di tante generazioni d'italiani dei decenni passati – battesimo, catechismo, prima comunione e cresima, con il frequente successivo abbandono dei percorsi religiosi – la sua famiglia non è praticante. «Non troppo devota», precisa lei. Fa eccezione il nonno materno. «Lui sì era devoto», si vede che piace e suscita il sorriso, a Claudia, la parola "devoto", «però non è riuscito a contagiare la famiglia». Più influenza, nella vita di Claudia, ha avuto il nonno paterno. Un socialista ateo che ancora scalda, nella memoria, il cuore della nipote. E anche questo dettaglio può meravigliare, vedendo la determinazione e la costanza con cui oggi i Lappi vivono la fede cristiana.

Roberto ha ereditato la tempra religiosa con più intensità e saldezza dalla sua famiglia. L'ha però certamente rivissuta a modo suo, giungendo anche a fare scelte radicali, andando contro aspettative che lo riguardavano. Non gli piace la parola "radicale", è quasi certo, e non vuole sentirsi definire un ultrà della fede; nemmeno gradisce essere dipinto come eccezionale, ma è tuttavia difficile trovare altre parole per raccontare la sua traiettoria adulta piena di preghiera, di operosità e di accoglienza.

È una vita intensamente unita, la sua, non ha compartimenti stagni. Sia nella sua attività imprenditoriale, sia nelle scelte vissute e condivise con Claudia, ha una stella polare. Basterà accorgersi, per questo, del nome dato alla sua piccola impresa artigiana. Roberto tiene saldo in mano un faro luminoso che guida la sua esistenza: non lo esibisce, non lo impone, ma non lo nasconde. La sua non è una lampada sotto il moggio, seminascosta.

Quando ha ormai 19 anni, Claudia riceve il primo scuotimento esistenziale. Sta passando presso la chiesa di San Giovanni Battista, a Casalecchio di Reno. È la parrocchia dove ha appreso i primi rudimenti della fede cristiana, poi in qualche modo abbandonati senza troppa fatica e sepolti nel ripostiglio più recondito della memoria. Avverte una chiamata, sente il richiamo delle fede che aveva dimenticato. Torna a farsi domande. Sente di aver bisogno di pregare.

Vien da pensare ad alcune conversioni analoghe. Il paragone apparentemente elevato la disturberebbe sicuramente – Claudia è tanto materna quanto umile – ma il pensiero corre all'ateo André Frossard, uno dei fondatori del partito comunista francese, accademico di Francia, che manco pensava a un Padreterno, nella sua vita. Entrò in una chiesetta quasi per caso, a causa di un amico che ci s'era infilato dentro e non ricompariva. Ne uscì poco dopo, travolto da quello che aveva avvertito e vissuto, in un istante infinito, dichiarandosi subito cattolico e certo dell'esistenza di Dio.

Era accaduta una vicenda simile a uno dei più famosi anticlericali dell'Ottocento: Alphonse Marie Ratisbonne, avvocato di origine ebraica. Non voleva mettere piede a Roma, a causa del suo odio per la Chiesa cattolica. Tuttavia, pur di malavoglia, ci passò, durante un viaggio verso Gerusalemme, a causa d'un guasto alla nave. Per mera curiosità entrò in una chiesa. Non aveva mai letto nemmeno una riga della Bibbia ed era in procinto di sposarsi. E allora accadde l'inaspettato. Vide una donna meravigliosa, bellissima. Era la Madonna. In un istante capì le verità della fede che aveva ignorato e odiato, pur non conoscendole, e credette. L'acceso nemico della cattolicità si convertì e diventò sacerdote.

In quella parrocchia dove Claudia – la futura laureata in fisica – percepì la sua chiamata personale, viveva a quel tempo don Orlando Santi, uno dei vicari dell'allora arcivescovo di Bologna, il cardinale Giacomo Biffi. Con lui Claudia avrà dialoghi e confronti, riprenderà in mano il filo della sua esistenza. In quel frangente della sua vita mancano ancora 19 anni all'incontro con Eva. Solo 8 invece al legame definitivo con l'uomo della sua vita.

I Lappi – quelli arrivati dalla Romagna – sono imprenditori. Hanno la tempra di chi lavora sodo. Roberto pare il predestinato ideale a prendere in mano il timone dell'impresa paterna. La qual cosa significa lavoro e ancora lavoro, ma anche benessere. Rinuncia a tutto questo, cerca altro, vuole andare a fondo dell'ideale che ha conosciuto. Insegue la coerenza tra fede e vita. È facile immaginare la sofferenza del padre. Roberto non è insensibile alla famiglia e al lavoro e il futuro lo dimostrerà a piene mani. Sente però imperioso il bisogno di vivere la fede. Nel suo percorso è entrata una figura determinante, fin dagli anni Ottanta: don Giuseppe Dossetti. Diventerà per lungo tempo il fulcro della sua esistenza e, presto, quello della sua non lontana sposa.

Il destino li farà incontrare agli inizi degli anni Novanta, con una modalità del tutto particolare, tramite una faticosa salita, e li porterà all'altare per la promessa eterna il 5 giugno del 1994. Eva è in attesa, mancano 11 anni alla sua entrata nel palcoscenico della vita.

Galeotto tra Claudia e Roberto – per usare le parole di Dante – fu un pellegrinaggio a Monte Sole.

I cubetti del Friuli

Mattone su mattone viene su
la grande casa…

(Filastrocca popolare)

C'è una Vespa, nella storia di Eva. Si è intrufolata in qualche modo e per qualche tempo anche nella vita di sua madre, che pure un po' la temeva. Né l'antica Vespa, né quella giovane Claudia, a cavallo tra gli anni Ottanta e Novanta, sapevano alcunché di Eva. Al tempo delle scorribande di quel veicolo, mancano ancora più di tre lustri all'apparire del suo sorriso.

Quel mezzo a due ruote che compare proditoriamente in questa storia è il modello ET3. Un'icona, per gli amanti del genere. Alcuni vanno dicendo che è l'ultima vera Vespa. E come si conviene a una autentica Vespa che circoli a Bologna e nei dintorni, deve avere a che fare con i colli che si estendono attorno alla città e in gran parte della provincia. Quel veicolo è ancora in vita, pur acciaccato, dopo aver navigato per anni e anni verso la Val Samoggia, tra Bologna, Zola Predosa e Oliveto di Monteveglio, in una frazioncina sconosciuta di nome Stiore. Oppure a Monte Sole o a Grizzana Morandi. E chissà in quali altri posti.

Se vi foste trovati prima dell'alba, tra le 4 e le 5 del mattino, alla fine degli anni Ottanta, tra Zola Predosa e Oliveto, nella strada che porta a Crespellano e a Bazzano, avreste visto ogni santa mattina un giovane sfrecciare, con qualsiasi tempo, a bordo di quella ET3. Non lo avreste potuto fermare. Aveva una meta urgente, molto particolare.

Qualcuno, insonne o mattiniero, si è probabilmente chiesto cosa ci facesse quel tizio in giro a quell'ora antelucana, senza che ci fosse un'altra anima viva in circolazione. Avrà pensato a un operaio particolarmente indaffarato, incaricato di qualche pressante lavoro mattutino. Potrebbe aver supposto che fosse un pendolare molto frettoloso, oppure un bizzarro e ostinato viaggiatore, così costante da poterci quasi regolare i propri orologi. Avrebbe faticato, quel casuale osservatore, a indovinare la ragione di quell'instancabile su e giù per la Bazzanese – durato anni e anni – verso una chiesetta gestita da una operosa e umile comunità monastica.

Da quelle parti, prima a Monteveglio, poi a Monte Sole e via via in altre località, s'era insediato, con i suoi confratelli, don Giuseppe Dossetti. La sua storia personale s'è da tempo intrecciata intimamente con Reggio Emilia e con Bologna, con la Resistenza e con l'Assemblea costituente, con la politica italiana e con la Chiesa cattolica. E s'è intessuta anche con la vita di quel giovane che cavalcava più che mai determinato la sua ET3.

Dossetti era diventato sacerdote nel 1959, dopo aver lasciato la politica attiva. A lui si deve la nascita, fin dagli anni Cinquanta, della Piccola Famiglia dell'Annunziata. È un'associazione pubblica di fedeli, con un ramo maschile e uno femminile, guidata dalla "piccola regola", elaborata da Dossetti e approvata dal cardinal Giacomo Lercaro, l'arcivescovo di Bologna in quegli anni.

Quel giovane vespista a cavallo della ET3 sulla Bazzanese è Roberto Lappi, il padre *in pectore* di Eva e di altri sette figli ancora sconosciuti. Si reca ogni mattina, a quell'ora improba, coprendo chilometri di strada, alla messa della Piccola Famiglia a Oliveto. È in cerca di pace, di spiritualità, di parole autentiche, di indizi del paradiso.

Roberto s'era legato da alcuni anni, fin dall'adolescenza, a don Giuseppe Ferretti. È stato lui il tramite che lo ha avvicinato a don Dossetti. Dentro questo percorso di intensa spiritualità e servizio liturgico, Roberto s'era ingegnato a studiare greco ed ebraico. Il suo viaggiare ascetico, durato anni, e la sua frequentazione di quella comunità monastica lo porteranno a incontrare casualmente, a Monte Sole, la futura compagna della sua vita.

Claudia, nel suo ritrovato percorso di fede, agli inizi degli anni Novanta, è impegnata in un pellegrinaggio proprio a Monte Sole. Ci porta un'amica di 22 anni, malata e in carrozzella. La salita è faticosissima, Claudia non ce la fa più, è sfinita. È in quel momento che compare un buon samaritano. Roberto, d'indole costantemente generosa, ha semplicemente visto due pellegrine in difficoltà e si offre subito di spingere il mezzo. Claudia non lo conosce, non l'ha mai visto, ma cede immediatamente il compito, a causa dello sfinimento, e gli affida l'amica e la carrozzella. Quel pellegrinaggio è la scintilla che accenderà, poco oltre, il focolare della casa di Eva.

Per quanto gli assomigli, non è stato un colpo di fulmine. Il fidanzamento conosce alti e bassi. Claudia ha paura a salire sulla mitica ET3. Ma il dado del destino è tratto, la loro libertà è in gioco, la comune decisione è salda e don Ferretti li unisce in matrimonio nel 1994.

Don Dossetti è presente nella loro vita ma è altrettanto spesso in Terra Santa, dove c'è una casa della Piccola Famiglia. Il legame tra il sacerdote e la Palestina è forte, ci va di frequente da decenni.

Quando prende il via la nuova famiglia Lappi, sono anni difficili. Pochi sembrano voler ricordare, ai nostri giorni, la tragedia della prima metà degli anni Novanta. Non lontano dall'Italia, a due passi dai nostri confini e dalle nostre coste, scorre sangue. La guerra sta falcidiando vite e alimentando odi etnici. Nei Balcani, dopo il crollo della Jugoslavia, la vita è un inferno. La caduta del Muro di Berlino, che sembrava aprire una stagione di pace e libertà, ha scoperchiato il vaso di Pandora di antiche inimicizie e di nuove brame di potere. Da noi, nel frattempo, si dissolvono i grandi partiti tradizionali. Scopriamo, da quella tragedia vicina, nomi di popoli che ignoravamo o avevamo dimenticato: Bosniaci, Montenegrini, Serbi, Croati, Sloveni, Kosovari.

Non rammentavamo nemmeno che da quelle parti ci fossero cristiani e musulmani, cattolici e ortodossi. Fanno parte della lunga e travagliata storia dei Balcani. Intuiamo che sono popoli con una memoria secolare, scolpita nella pietra. C'è chi vuole regolare conti in sospeso fin dal Medioevo e chi è follemente intenzionato a fare pulizia etnica.

È in questo frangente della vita della nuova coppia che entra in gioco in modo ancora più penetrante don Dossetti. Roberto aveva già avuto modo di assisterlo e portarlo in giro tra le sedi della comunità monastica e altrove, a causa di mille impegni.

In quella congiuntura mondiale, dalle parti di Monteveglio, Dossetti e i suoi compagni di fede e di vita si mettono ad accogliere famiglie fuggite dalla guerra nei Balcani. Non fanno distinzione di nazionalità, di religione e di etnia. Per accoglierli usano i "cubetti del Friuli". Sono casette prefabbricate usate per dare un qualche ricovero provvisorio alle popolazioni ferite dal devastante terremoto che colpì il Friuli nel 1976. Una volta esaurita la loro funzione, un po' di quelle casette era arrivato fino alla Piccola Famiglia, a Monteveglio, per i confratelli e per ospitare quelle povere famiglie disperse dalla guerra e accolte tra le nostre colline. Ci sono tra loro cristiani e musulmani. E alcuni sono semplicemente disperati.

Dossetti capisce di aver bisogno di aiuto per reggere la convivenza di quei profughi così diversi, pur nella sventura comune che li ha travolti. Chiede a Roberto e Claudia e a qualche altra coppia di aiutarlo, andando a vivere nei cubetti del Friuli. In questo villaggio informale della solidarietà non c'è acqua corrente, non c'è elettricità. La vita è essenziale, ai minimi termini. I giovani sposi accettano, provano a dare una mano per coordinare quel villaggio così particolare. Hanno una generosità e una fede ardenti. Hanno il coraggio della giovinezza. Vivono di provvidenza, di carità della gente comune, di lezioni improvvisate – Claudia mette precariamente a frutto i suoi studi scientifici – senza trascurare la preghiera. Nulla è facile, in questa convivenza tra gente tanto diversa. Non mancano tensioni tra questi scampati dalla guerra.

La sfida lanciata da Dossetti è impegnativa e totalizzante. Alle 5,30 del mattino si prega e poi si partecipa alla messa. Non è obbligatoria per gli abitanti dei cubetti. In questa vita di dedizione, di povertà e preghiera, Claudia in qualche modo insegna, Roberto è un tuttofare, sa ingegnarsi in mille lavori, sa fare il muratore e l'idraulico. E questo gli servirà per creare un'opera particolare, poco dopo l'esperienza dei cubetti.

Mentre vivono i primi tempi del matrimonio in questo villaggio primordiale, lontanissimo dal consumismo imperante, viene alla luce nel 1995 il primogenito della famiglia Lappi. Francesco. Claudia è riuscita nel frattempo a laurearsi, appena un mese prima della nascita del primo figlio. Ha scritto una tesi sull'attrito. Un anno e mezzo dopo, nel 1996, arriva Caterina, secondogenita. Eva non è ancora all'orizzonte. Mancano nove anni.

Proprio in quel frangente giunge invece il *Dies Natalis* – il compimento finale, la salita al cielo – per don Giuseppe Dossetti, pochi giorni dopo la nascita di Caterina. Il sacerdote desidera ardentemente finire i suoi giorni terreni nella comunità monastica, piuttosto che nell'ospedale di Bazzano. Non ci sono però le condizioni per assisterlo e assicurargli il necessario. Non c'è riscaldamento tra le pareti del convento, le stanze a Oliveto non sono idonee, i medici non vogliono acconsentire. Roberto, il tuttofare ingegnoso, in tempo di record riesce a installare un impianto di riscaldamento, rendendo accettabile la casa che accoglie così gli ultimi giorni del religioso, assecondando il suo intenso desiderio.

Mentre attende l'incontro definitivo col Destino, Dossetti manda a chiamare Roberto e Claudia. Ha fatto inviti del genere a molti altri, nelle settimane precedenti, intuendo che è prossima la fine. Al suo capezzale sono passate persone umili e grandi personaggi. Ha una supplica particolare, per tutti, nel segno di una umiltà radicale ch'è rimasta impressa in chi l'ha accompagnato in questi ultimi passi.

Ringrazia i due sposi per tutto quello che hanno fatto e chiede loro perdono per le sofferenze che può avere arrecato. «Noi non avevamo fatto nulla» commenta Roberto, «eravamo noi a dover ringraziare lui».

Claudia ricorda esattamente le ultime parole bisbigliate dal suo letto di morte e rivolte a suo marito: «voglio ringraziarti per avermi permesso di tornare a casa mia».

Don Giuseppe li benedice. La sua anima lascia questa terra il 15 dicembre 1996.

Roberto e Claudia, mentre Dossetti s'avvicina all'ultimo passo, stanno per lasciare i cubetti. La famiglia si allarga, va sostenuta e vogliono altri figli. Maddalena, la terzogenita, arriverà nel 1998. Così il capofamiglia decide di dar vita a una sua personale impresa artigianale, nel 1996, valorizzando i talenti operosi che già in qualche modo ha messo a frutto e alla prova. La chiama "Ora et Labora". Il nome è un programma. Riecheggia la regola del patrono dell'Europa, san Benedetto da Norcia. Ma è anche figlia del lungo cammino percorso con Dossetti.

Pochi, in questo quarto di secolo, colgono il senso della frase latina. Neanche sanno, in molti, che sia latino; al telefono e nelle comunicazioni di lavoro, la denominazione "Ora et Labora" è storpiata in modi esilaranti. È una piccola prova, pure questa, di quanto sia avanzata quella che i sociologi chiamano "secolarizzazione". Vale a dire lo smarrimento delle antiche radici cristiane dell'Occidente.

Ad ogni modo sono centinaia le persone che si sono avvalse di quest'impresa artigiana. In genere solo una su cento – lo rammenta, Roberto, divertito – arriva a chiedere, stupita o perplessa: «Pregate veramente?».

E Dio creò Eva

Un Dio si trasformerebbe in uomo?...
L'onnipotente in mezzo alla sua gloria... direbbe:
voglio essere uno di quei parassiti?...
Un Dio assoggettarsi a nascere,
a rimanere nove mesi
come una fragola di sangue?

(Jean-Paul Sartre, *Bariona, Racconto di Natale*)

Eva ha deciso di rompere le acque alle 7 e 52 minuti del 4 gennaio 2005. È una *millennial* al cento per cento. Si è poi fatta attendere per soli 3 minuti. Il parto è stato spontaneo. Alle 7 e 55 di quel gennaio, in una sala pediatrica dell'ospedale Maggiore di Bologna, Eva è entrata ufficialmente nel Sistema Sanitario Nazionale e nelle nostre vite, anche se in quel preciso istante noi non lo sapevamo ancora. Di certo era attesa, da sua madre Claudia e da suo padre Roberto. Insegnante lei e "imprenditore edile" il babbo, come annotano diligenti nella scheda del parto.

Era stata un'attesa senza timori e senza preoccupazioni di sorta. I due genitori, con cinque figli alle spalle, sono ormai esperti di maternità e paternità. Non si fermeranno alla sesta figlia.

Eva è voluta e amata dal principio. Hanno fedelmente seguito, per lei, tutti i normali protocolli medici. Hanno solo evitato l'analisi prenatale più invasiva, quella che si fa per capire se tutto sia al suo posto, almeno per i nostri parametri umani. Per Claudia e Roberto non c'era bisogno di sapere altro. Eva sarebbe stata un dono. Come gli altri figli accolti nei primi undici anni di matrimonio. Erano pronti ad amarla e accettarla in ogni caso, anche se non sapevano ancora cosa il futuro riservava loro.

Eva è una creatura, fa parte del genere umano. Appartiene a una famiglia umana. Eva, per i Lappi, è figlia di Dio.

L'attendevano anche, più o meno consapevoli, i suoi cinque predecessori. Tre maschi e due femmine. Claudia, con cinque parti vissuti, conosce a fondo le pediatrie, ne sa quasi quanto i dottori e le ostetriche che l'hanno accudita. Roberto, per parte sua, ha ben chiaro cosa voglia dire fare il genitore e sbarcare il lunario, per dare cibo e opportunità a tutta quella numerosa pattuglia di figli. Eva aveva soltanto pensato bene di restare qualche settimana in più al calduccio, nel seno materno, dove si trovava perfettamente a suo agio, come accertato dal medico che stila la sua prima carta d'identità. Trentanove settimane più cinque di gravidanza. Eva è un po' pigra, o semplicemente saggia e previdente. Fuori, in gennaio, è ancora inverno. Fuori c'è un mondo complicato e distratto. A volte crudele.

Alle 9,30 di quel 4 gennaio è tutto *normale, nei limiti, adeguato, regolare, immune, normoconformato.* Sono le parole più frequenti del referto medico – un documento che subirà poi strane traversie, scomparendo misteriosamente e ricomparendo – firmato e timbrato, come vuole la norma. Eva ha solo un pianto "flebile" e non troppa vitalità – del resto ci ha messo un po' di tempo a decidersi a uscire – ma tutto il resto è al suo posto. Alle 9,30 del 4 gennaio si può pensare a fare festa per un nuovo arrivo. Eva pesa 3,74 chilogrammi ed è lunga 53 centimetri. I primi indizi di quell'alba parlano di vita, di una giovane donna che percorrerà la sua strada tra noi, iniziando da Bologna ad esplorare il mondo. Il suo nome è lo stesso della nostra prima mitica progenitrice. In quella mattina di un inverno padano si può sognare quale sarà il suo Adamo, anche se lontano nel tempo.

Sono già più di 18 anni che Eva cammina. A modo suo. Sta facendo un lungo viaggio dentro le anime di chi le passa accanto e di chi la accudisce. Sono stati al suo fianco giovani dubbiosi o indecisi. Ragazze con infiniti problemi, con storie di disagio e di prostituzione, calvari, tristezze. Giovani madri con figli. Zingari e balordi. Anche dei senza casa. E qualche ladruncolo. Qualcuno è arrivato nella casa di Eva che già aveva in animo di farla finita con la vita. Dopo quest'incontro con questa piccola donna e con chi la circonda amorevolmente, ha rimosso i suoi pensieri di morte. È un percorso straordinario e durevole, quello di Eva. E misterioso.

In ogni caso, di fronte al mistero, non indietreggiano Roberto e Claudia. Sono persone di fede e di ragione e sono di più i miracoli e le luci che vedono rispetto alle ombre. Nonostante le croci e le fatiche. Per questo c'è chi – come l'associazione Insieme per Cristina – si è convinto che valga la pena tentare di narrare qualcosa di questo lungo cammino, del senso che ha Eva nella vita dei suoi e di chi incontra.

Nei referti successivi ai primi giorni dell'entrata in scena di Eva, la calligrafia dei medici si fa più nervosa e indecifrabile. La medicina sa tanto, ma non sa tutto. I dottori intuiscono che qualcosa non sta andando secondo i parametri ufficiali di un neonato. Faticano a decifrare cosa Eva abbia nel suo piccolo corpo. Nulla, durante la gravidanza, faceva presagire complicazioni. Le codifiche mediche e le annotazioni per addetti ai lavori si fanno più complesse, i tratti d'inchiostro sono più aggrovigliati, i timori dei genitori si materializzano. Entrambi hanno fede e speranza, tanta, ma sono umani. Vacillano.

L'uomo di Dio che passerà a trovarli e a consolarli in quel reparto di ospedale, in una intensa e breve giornata, è don Oreste Benzi. Per uno strano o ironico paradosso della sorte, in quel giorno è nello stesso luogo, per testimoniare solidarietà ai piccoli e ai grandi, Vasco Rossi. Porta con sé una generosa donazione. C'è stata anche Laura Pausini, in quel reparto. Loro sono famosi, osannati. Don Oreste è un semplice prete, un esperto di cuori umani. Porta qualcosa di più prezioso: una speranza. I Lappi hanno tanti legami e amicizie con uomini di Chiesa. Lui è una di queste relazioni di umanità e di fede. Roberto, nella sua attività, ha fatto alcuni lavoretti di idraulica anche per la sua comunità.

Quando don Oreste li visita in ospedale, quasi una sorpresa imprevista, ha già 80 anni. È ancora pieno di passione e umanità. Nel 2005, nel momento in cui benedice Eva e la sua famiglia, mancano solo due anni al suo incontro definitivo col Destino: il 2 novembre del 2007, a Rimini. Il popolo dei credenti ora lo considera già un santo, la Chiesa cattolica ne sta valutando la beatificazione, con i tempi e i percorsi che richiede la sua secolare e paziente saggezza.

Don Oreste è l'uomo della speranza che accoglie tutti, senza distinzioni di razza, di sesso, di ideologia. È sicuro che nei cuori di tutti alberghi una domanda di infinito. Non si è attardato in teorie e programmi, è andato nelle periferie umane a bussare a cuori e a porte, ha fondato un'opera durevole, non ha risparmiato nulla della sua vita per donarla. Passa da Eva e profetizza che vivrà. Non era affatto scontato secondo la medicina ufficiale. Vede oltre quello che i medici, pur bravi ed esperti, non sanno intravedere.

Una mamma in quel reparto si getta ai suoi piedi, nonostante cerchino di impedirglielo. I medici le hanno detto che il figlio non supererà la notte. Di fronte a quel gesto disperato c'è chi attorno mugugna: perché dovrebbe benedire solo suo figlio? Don Oreste benedice tutti, senza distinzioni, e a quella madre che s'è inginocchiata dice, col sorriso e lo sguardo che vede lontano: vedrai che cosa ti farà passare tutta la vita, questo figlio. I medici non sanno tutto, assicura don Oreste a quella donna. Pare di riudire quell'ebreo che girava per le vie polverose della Palestina, duemila anni fa, e che diceva, a quella madre stravolta dal dolore: "donna, non piangere". E così è stato, qualche lacrima è stata asciugata, quel bambino è vissuto.

Nessuno però sa – nemmeno un uomo di Dio – che forme potrà prendere la vita di ognuno e che vocazione seguirà la vita di Eva.

Claudia racconta, oggi, quello che allora faticava a vedere, tra le prove della fatica e della sofferenza. Eva ha trascorso, in vari modi, due anni e mezzo in rianimazione. Ha vissuto sul filo del rasoio. I genitori hanno trovato amici ad aiutarli, come Lucia Fanfoni e sua figlia, per fare dei turni in rianimazione e consentire loro qualche periodo di ristoro.

Dopo due anni e mezzo, altri ricoveri d'emergenza o di routine, durante i quali Eva ha smentito pronostici e superato infinite crisi, è giunto il momento di provare a custodirla in casa. Non è una impresa facile. Ogni giorno può essere l'ultimo. È così da 18 anni. La pandemia ha accentuato i pericoli.

I dottori non sapevano e non sanno con precisione come sintetizzare e definire il suo caso. Nella cartella del luglio 2005, sei mesi dopo l'inizio, finalmente con una calligrafia leggibile, c'è una frase complicata, fissata a caratteri maiuscoli: "malformazione complessa del rachide cervicale con stenosi del canale nella sua parte più alta (C1-C4)". Da come lo descrivono ai genitori, è un caso unico al mondo. O quasi.

Per quanto sia drammatico leggerlo e capirlo, conviene usare ancora il linguaggio dei medici che oggi, 18 anni dopo, descrivono così la sua condizione: "è affetta da malformazione complessa del rachide cervicale associata a tetraparesi, encefalopatia epilettica, grave ritardo psicomotorio, deformità multiple, disfagia severa, vescica neurogena ed è portatrice di tracheostomia, sottoposta a ventilazione invasiva continuativa, e gastrostomia attraverso cui effettua nutrizione enterale esclusiva. Il quadro clinico è complicato da una cellulite eosinofila su base autoimmune, la sindrome di Wells, caratterizzata da lesioni papule-vescicolose sulla cute con trattamento immunosoppressivo".

Il referto potrebbe allungarsi.

Roberto prova in una breve registrazione, con le parole calme e serene di chi ha già fatto tanta strada, a descrivere il calvario sanitario che ora vivono, da 18 anni, senza mai cessare un istante di rammentare che nelle tante croci vissute ci sono più benedizioni. Eva vive oggi in una condizione che, in termini clinici, sarebbe da definire "semi intensiva". È circondata di macchine più o meno sofisticate per alimentarla e farla respirare. C'è un ventilatore automatico permanente, un deumidificatore, una pompa per pulire, quando necessario, le vie respiratorie. Un'altra macchina è collegata a bombole di ossigeno, per le emergenze, e un'altra ancora, dal nome strano e introvabile in rete, per lo stesso scopo, associabile all'*Ambu*, un sistema manuale per la respirazione. Un saturimetro controlla costantemente i valori respiratori e l'ossigenazione del sangue.

Per poter nutrire Eva ci sono altri strumenti, tra cui la *PEG*. Sta per *Gastroscopia Endoscopica Percutanea,* una sigla inquietante. Si tratta di un catetere, oggi molto diffuso soprattutto per anziani in condizioni complesse, che permette di introdurre cibo nel corpicino di Eva e che va periodicamente sostituito. Tocca a dei chirurghi cambiare una *PEG*. Ogni tanto passano dai Lappi. Però Roberto, da idraulico e muratore qual è diventato dopo l'esperienza dei cubetti del Friuli, ha imparato a fare tante cose quasi infermieristiche. In casa, diversi membri della famiglia han dovuto diventare capaci di assicurare assistenza specializzata, pur avendo trovato supporto in ragazze preparate che a turno li affiancano. Non tutte però resistono a lungo alla fatica e alla prova.

Gli allarmi di Eva squillano ogni tanto, con intensità diverse a seconda del pericolo in agguato. Nei momenti più gravi, dovuti a crisi respiratorie e all'approssimarsi rapido di un'apnea, si deve intervenire entro venti secondi per salvarla. Venti secondi tra la vita e la morte. Venti secondi per introdurre più ossigeno nei piccoli polmoni e farla restare ancora con noi. Accade, spesso. È quasi sorprendente la rapidità silenziosa, la sicurezza nei gesti e la determinazione con cui Roberto e chi assiste Eva agiscono, quando scatta il pericolo mentre attorno, chi è presente, osserva muto la battaglia tra la vita e la morte.

La casa dei Lappi, attorno a Eva, è come un reparto d'ospedale di alta tecnologia. Le terapie sono appese a un muro. Un ignaro osservatore non riesce a capirle. E lei sorride. Sembra dire qualcosa. Quando il fratello maggiore l'abbraccia e scherza con lei, con affetto volutamente ruvido e caldo, è evidente che gradisce queste attenzioni fraterne. Ha sorrisi per tutti quando è in grado di farlo. Alla lunga e rustica tavola di questa famiglia, dove spesso ci sono ospiti d'ogni sorta, c'è sempre Eva, con la sua poltrona spaziale e i suoi marchingegni. È una presenza silenziosa. Ma permanente. Vedendola lì, circondata di attenzioni e di apparecchiature, è impossibile non farsi tante domande. "Ne vale la pena? Dove trovano la forza?".

Un visitatore, avendola vista la prima volta, ha subito pensato a Françoise, la figlia dimenticata di Emmanuel Mounier. Pochi la rammentano. Tra questi Claudia, che subito – appena udita quella lontana reminescenza – è corsa a ritrovare un libretto dove si narra di quella ragazzina francese. Il padre, morto a soli 45 anni, la definiva "la nostra bianca ostia".

Le storie di Eva e di Françoise s'incontrano e s'intrecciano misteriosamente e inesorabilmente.

Quando 1 + 1 fa 10

Il miracolo che preserva il mondo,
la sfera delle faccende umane,
dalla sua normale, naturale rovina
è in definitiva il fatto della natalità...
È questa fede e speranza nel mondo
che trova forse la sua più gloriosa ed efficace espressione
nelle poche parole con cui il Vangelo
annunciò la lieta novella dell'Avvento:
Un bambino è nato fra noi.

(Hannah Arendt, *Vita activa*)

Paul Dirac non c'entra nulla con Eva. Non è nemmeno un lontano parente di famiglia. Claudia, la scienziata di casa, potrebbe averlo incrociato in qualche testo dei suoi. Paul era un genio con i numeri. Ci si guadagnò un premio Nobel, nel 1933. Era però – a sentire i suoi contemporanei – molto impacciato con le parole, se la cavava meglio con le equazioni e con gli algoritmi. Dicono che i suoi colleghi di Cambridge avessero coniato il "dirac" come ironica misura della loquacità: una parola all'ora. Albert Einstein lo considerava un po' pazzo. Quando nacque la prima figlia, per comunicare l'evento al suocero, raccontano che Dirac gl'inviò un telegramma così congegnato: "1 + 1 = 3". Nessun'altra parola.

Quella somma bizzarra, che a scuola ci verrebbe contestata severamente, dice che la libertà generativa di due esseri umani e il dono della vita sono più grandi dei numeri. E gli stessi numeri, alla fin fine, ci spalancano all'infinito.

Claudia e Roberto, i genitori di Eva, sono anche loro un "1 + 1". La loro somma vitale è molto più grande del 2. Assieme, hanno fatto "10", andando ben oltre il telegramma di Dirac. Non hanno compilato alcuna equazione o algoritmo, per raggiungere questo traguardo, che non è certo l'esito di qualche programmazione. Ed essi non se ne fanno alcun vanto, in un mondo che parla tutta un'altra lingua. Non è una faccenda di laboratorio, la famiglia di Eva: è l'accoglienza di un dono. Di molti doni. Eva è stato il dono più difficile da capire, ma è diventato il più fecondo.

Già si è detto di Francesco, il primogenito, venuto al mondo nel 1995, mentre i neosposi erano impegnati nell'avventura dei cubetti, vicino a Monteveglio. Da qualche anno Francesco, dopo gli studi e la laurea in scienze politiche, s'è dedicato all'impresa paterna, Ora et Labora. Caterina s'è aggiunta alla famiglia nel 1996. Ha concluso gli studi di legge con una tesi controcorrente sull'indissolubilità del matrimonio. Per un po' di tempo, per contribuire al non facile bilancio familiare, s'è messa alla prova nella più difficile e frustrante frontiera educativa che esista nella scuola italiana: l'ora di religione, in una scuola elementare e, parallelamente, in una dell'infanzia.

Maddalena entra nella compagnia dei Lappi nel 1998. Crescendo, ha scelto una sua strada vocazionale attraverso un percorso che l'ha portata, già adolescente, fuori casa per seguire una particolare comunità ecclesiale. La sua è una storia delicata e complessa, che ha coinvolto anche dei vescovi e che è motivo di molte preghiere e speranze in casa Lappi.

Giuseppe è il primo dei cinque *millennials* di casa: s'affaccia alla vita nel 2001. Lo insegue, dopo due anni, Andrea. Crescono velocemente in altezza, questi ragazzi, presto superando il padre.

E poi è la volta di Eva, nel 2005, con il suo lungo e imprevedibile cammino. Eva non ha nemmeno una parola all'ora, il "dirac" della loquacità, nel suo bagaglio oratorio.

Nonostante questo, comunica, col suo tempo particolare e i suoi messaggi speciali. Francesco è il più audace nel rapportarsi con lei. L'ha qualche volta catturata in una videoregistrazione mentre ride, palesemente divertita, guardando un cartone animato in TV. Delicata com'è, sembra impossibile poterla toccare senza far danni. E invece il fratello maggiore scherza vivacemente con lei, la fa sorridere, la carezza, la scuote, la coinvolge in una specie di stravagante nascondino, coprendole il volto.

"Vacci piano", verrebbe da urlagli, da parte di un osservatore ignaro e allarmato. In realtà sa quello che fa, il suo è solo grande amore fraterno.

Quando Claudia si ritrova incinta di Davide, il settimo erede nato nel 2007, non osa dirlo subito ai medici. Stante le condizioni di Eva e le sue innumerevoli corse salvavita nelle emergenze ospedaliere, teme la prenderanno per irresponsabile. O matta. Lei e Roberto hanno solo deciso di restare aperti alla vita, così come la loro casa è aperta ai bisognosi d'ogni sorta.

Alla fine c'è Sara, la dolce e serena ultima mascotte della casa. La sua data di nascita cade nel 2009. Anche con l'arrivo dell'ultima figlia, inizialmente Claudia resta reticente nel comunicarlo ai medici, che probabilmente la osservano perplessi.

Ma non c'è nulla da fare: 1 + 1 ha fatto 10, in barba alla matematica e alla saggezza e alle precauzioni del mondo.

Non sembra che questa ciurma di giovani, così inusuale al giorno d'oggi, faccia sentire i suoi componenti diversi dai coetanei. Vanno a scuola come tutti gli altri, maneggiano aggeggi digitali come tutti i *millennials* del mondo. In casa Lappi – una dimora essenziale, senza fronzoli, semplice e accogliente, con tantissime biciclette – c'è anche la TV, perché bisogna pur sapere cosa accade nel mondo.

Su una parete c'è tutto l'albero genealogico dei Lappi e dei Monteverdi. Ci sono nonni, bisnonni, trisavoli. La vita ha radici che non vanno scordate. Eva è dentro, alla base di questo longevo e saldo albero dell'esistenza.

Se capita l'avventura di essere a cena con loro – non è difficile essere invitati e trovarsi chiamati "fratello", attorno a un grande e robusto tavolo di legno massiccio – ci si ritrova coinvolti con totale naturalezza in un dialogo universale. Hanno loro convinzioni o quesiti sulla Chiesa e sul papa, sui preti e sul mondo, sulla politica, sulla scuola, sull'economia, sul governo, sulla pandemia. Su qualsiasi tema. Non è affatto detto siano concordi su tutto. I pareri dei genitori – il più esuberante, con la parola, è sempre il padre – sono rispettati, ma non sembrano godere di favori a priori. E in verità tutti i componenti della famiglia sono altrettanto curiosi di sapere. Interpellano l'ospite di turno, chiedono, raccontano e vogliono ascoltare racconti. Un Dirac silenzioso, per quanto ostinato, non la spunterebbe con loro, non riuscirebbe a restare muto. Non fanno paura, questi Lappi che accolgono e socializzano. Non ti senti giudicato e classificato dai loro volti. Nemmeno lo sguardo indagatore, profondo, di Caterina, talvolta la più determinata e accesa nel dire la sua, ti mette a disagio.

E accanto a tutti, sempre presente a tavola, c'è Eva, nutrita con i suoi specifici presidi e le sue complicatissime terapie. È l'ospite più speciale di questa grande tavolata, e nel contempo, più taciturno. Per lei parlano sottotraccia i suoni degli strumenti che la custodiscono e che l'orecchio vigile dei genitori e delle assistenti di turno tiene costantemente presente, pur in un consesso rumoroso.

Non soffrono complessi né di superiorità né di inferiorità, questi ragazzi. La loro vita è sobria, non navigano nel lusso, devono fare attenzione al bilancio familiare, che regge certamente per l'indefessa attività di Ora et Labora e lo stipendio da insegnante della madre, ma anche grazie ad aiuti amicali e associativi – come, ad esempio, gli Amici di Beatrice – e all'immancabile provvidenza. Da queste parti, credono fermamente che la provvidenza esista.

A scuola si trovano sicuramente a fare i conti con opinioni molto diverse su mille argomenti. Non ne soffrono, non sono degli emarginati, non sono considerati "strani" dai più. Hanno amici, come tutti. E attriti con altri, come tutti. Per aiutarsi a camminare in questo mondo, a tavola nel villaggio di Eva ci si confronta e ci si aiuta a formarsi un giudizio. L'ospite di turno non è esonerato da questo confronto sulle vicende scolastiche e su quello che accade nella società. Anche se è nessuno, quest'ospite viene ascoltato seriamente. Dov'è, in giro per l'Italia, che accade qualcosa del genere?

C'è altro, tuttavia, a scandire la vita quotidiana in questa piccola e insieme grande arca familiare. Potrebbe risultare la cosa più lontana o inconsueta ai "moderni": la preghiera quotidiana. I vespri prima di cena, la compieta prima del riposo notturno e la preghiera prima di condividere il cibo. Sono pratiche ormai rare nella stragrande maggioranza del popolo cattolico. Roberto e la sua comunità non le ostentano e non le impongono a nessuno. Gli stessi figli, pur invitati, non hanno alcun obbligo a parteciparvi. Questa liberalità è usata con qualsiasi ospite. Ve le proporranno, queste preghiere, con totale naturalezza, senza imbarazzi e senza giudicarvi. Se accetterete di pregare con loro, vedrete che maneggiano con semplicità e accortezza i cellulari, per leggere compiutamente i testi dei salmi e delle letture del giorno. Per Roberto queste orazioni fanno parte dello stesso alimento spirituale che cercava tutte le mattine, da giovane, galoppando verso la messa quotidiana con la sua vecchia ET3.

La parte più impegnativa per l'amico che viene accolto – e più partecipata e speciale per i Lappi – arriva la domenica. E ruota attorno a Eva. Lei non può andare a messa, è troppo complicato e rischioso. L'arcivescovo della città, il cardinal Zuppi – per tutti è oramai stabilmente don Matteo – tra le prime cose che ha fatto quand'è arrivato a Bologna è stata la visita ai Lappi. Ha concesso alla famiglia di ricevere, in casa, l'Ostia consacrata, portatagli la domenica da un diacono. È un dono prezioso, per loro. Così celebrano assieme, per Eva, una liturgia domestica, con canti, preghiere e tanta intensità. La casa diventa un tempio, modesto ma sacro, come una chiesa. Nel momento culminante, dopo essersi genuflessi – chi vuole – attorno all'Ostia in religioso silenzio, Roberto, in assoluta umiltà, regala una minuscola parte dell'Eucarestia a Eva. Lei non può deglutire più di questo, nelle sue condizioni. E il pensiero torna ancora una volta alla "bianca ostia" che evocava Emmanuel Mounier, guardando sua figlia.

Va rispettato, questo momento liturgico. Va osservato con cuore sgombro da pregiudizi. Va interrogato. Per chi crede, va seguito. C'è un mistero profondo nella vita e in quel gesto attorno a quella bambina ferita. Anche nella liturgia cattolica si usa la parola mistero. Significa che ci sono un grande, infinito spazio e un grande cammino da condividere e da compiere, riservato alla nostra libertà e a quella di Dio, da qui all'eternità. Per Eva è un cammino di misericordia. Un abbraccio.

Quell'1 + 1 = 3, di Dirac, che diventa 1 + 1 = 10 con i Lappi ed è, sempre e comunque, un di più in milioni di famiglie nel mondo, serve a dirci che la natura più profonda del creato è il dono della vita. La sua condivisione. La legge finale dell'esistenza e del creato non è la necessità, la costrizione, la prigionia dei numeri finiti, il nulla, il vuoto. La vita non nasce come prigione. Le gabbie, i fili spinati, i muri li hanno fatti gli uomini.

1 + 1, in una qualsiasi famiglia, non fa 2, fa 3, fa 10. Fa molto di più. Crea compagnia, genera un noi. Punta diritto all'infinito, all'eternità. Non c'è uno zero tra gli esseri umani. Nemmeno uno tra gli umani è uguale a zero. Eva non è zero, come qualcuno fu forse tentato di pensare, all'inizio. Eva è un moltiplicatore di umanità.

Una piccola arca di salvataggio

E hai ottenuto quello che volevi
da questa vita, nonostante tutto?
Sì.
E cos'è che volevi?
Potermi dire amato, sentirmi amato
sulla terra.

(Raymond Carver, *Ultimo frammento*)

I primi passi di Ora et Labora non sono stati facili. Come non sono stati semplici, anche se esaltanti, i primi anni di matrimonio immersi nella povertà e nella solidarietà. La piccola avventura imprenditoriale non ha avuto l'appoggio dei familiari di Roberto. Avevano e hanno tuttora un'impresa avviata, perché abbandonarla? Roberto cerca altro, insegue una vita carica di senso e di preghiera, che sappia accogliere i diseredati e guardare in alto. Nemmeno la famiglia di Claudia ha visto di buon occhio questa strana avventura. Già quell'inizio nei cubetti friulani dev'essere stato interpretato da molti come una tendenziale pazzia.

Nel primo anno di attività Ora et Labora fatica a mettere insieme mezzo milione di lire di fatturato al mese (250 euro, al giorno d'oggi). I Lappi, tuttavia, continuano a credere nella provvidenza. Quando Eva arriva a sconvolgere la loro vita, nel 2005, la piccola impresa artigiana ha cinque operai. S'impegnano a fare di tutto, a risolvere problemi grandi e piccoli. Ora et Labora si occupa di ristrutturazioni, edilizia, idraulica. E di accoglienza. Quel che più preme a Roberto è dare opportunità a chi sembra non averne più. Tuttavia, a causa del lungo tratto di cammino assistenziale che ha comportato la sesta figlia, nei primi mesi, l'impresa vacilla, resta praticamente senza lavoro. Ora et Labora però, come Eva, non si è arresa nella tempesta.

C'è una stretta simbiosi tra l'impresa artigiana e quel che si vive in casa, attorno a Eva. Le storie s'intrecciano. Gli incontri, i drammi, qualche rinascita, qualche fallimento, punteggiano tutta la navigazione di questa arca dal sapore benedettino. Interessa, a Roberto, il rapporto "uno a uno", personale, non inventarsi qualche metodologia organizzativa.

E così nell'impresa vengono aiutati, coinvolgendoli nel lavoro quotidiano, albanesi, Rom, carcerati che hanno ottenuto i benefici della legge o persone messe agli arresti domiciliari. Uno di questi ne ha approfittato per scappare. E son dolori con la giustizia. Un altro però, con 13 anni di carcere alle spalle, ce la fa a uscire dal suo tunnel buio, grazie a Ora et Labora. Torna talvolta, ogni due o tre anni, a trovare chi l'ha aiutato. Un altro carcerato, mentre è in giro per lavoro con Roberto, passa davanti alla banca che ha rapinato e racconta, quasi ironico, quello che i giornali non hanno detto. O saputo. Anche aiutare un albanese, con tutta una sua storia complicata in patria di difficili relazioni, può rivelarsi a volte un'impresa difficile.

Naturalmente l'impegno programmatico insito nel nome, Ora et Labora, viene quotidianamente rispettato da Roberto e da chi gli è più vicino: si lavora e si prega. E tutti ci chiediamo: come reagiscono i lavoratori "esterni", le persone in vario modo coinvolte, a questa regola monastica?

Mentre la piccola impresa lavora, ristruttura abitazioni e accompagna questo mosaico di umanità, lo spazio domestico che custodisce Eva, che è a pochi metri dagli uffici, fa lo stesso. Apre la porta a chi bussa senza essersi annunciato. Qualche parroco della zona, quando si ritrova casi umani che non sa come gestire, li manda a casa di Eva. La voce di questa famiglia aperta dev'essere circolata, perché capitano a cena ospiti del tutto imprevisti. Solo la pandemia ha obbligato a rallentare un po' questa accoglienza quotidiana.

S'intravede subito che ogni storia, appena accennata da Claudia e Roberto senza auto incensamenti, meriterebbe un racconto a sé stante. In tutti questi anni, tanta varia e complicata umanità ha passato un po' di tempo e di vita nella casa dei Lappi, spesso per mesi, come diverse ragazze madri, con il loro piccolo. Alcune sono di origine slava. Una di queste viveva in auto, con i figli. Qualche disagio organizzativo non da poco s'è verificato quando un'ospite si è portata appresso i suoi cani. Accolti anche loro.

Le porte si sono aperte per prostitute incontrate e convinte sulle strade e questo è un effetto, immaginabile, dell'amicizia con don Benzi, che nelle periferie umane ci andava per davvero e non solo a parole. Una delle donne accolte è descritta, col sorriso, come un classico caso "sesso, droga e rock'n'roll". Ora gestisce una piccola pizzeria, considera Roberto e Claudia come padre e madre, ma Roberto non esita nel ricordarle senza imbarazzo «che il vero padre è il Padre celeste».

Una sera ha bussato senza preavviso alla porta di Eva un ragazzo sanguinante. Viveva sotto un ponte del Reno. Era stato picchiato selvaggiamente. È rimasto con la famiglia diversi mesi. L'ospedale da campo da queste parti non è una metafora.

Ascoltando queste storie, s'impara che il disagio di vivere alberga anche in chi non è povero. Un giovane aveva tentato il suicido andando a 200 all'ora contro un palo. Per quanto avesse soldi e un lavoro, nella sua vita c'erano solo farmaci e depressione. Non riusciva ad andare al lavoro, a volte percorreva sul bus pubblico più volte l'intero percorso avanti e indietro, per ammazzare il tempo. Il cammino con lui è stato lungo, ma il suo cambiamento è riuscito e ogni tanto lui torna al focolare che gli ha offerto un abbraccio e un motivo per vivere.

I figli "lasciano fare" e guardano questo turbinio di vite e di accoglienze. In casa però accadono a volte furti di soldi e vestiti. Qualche ospite ingeneroso o semplicemente disperato s'è portato via financo delle mutande. Allora il giovane equipaggio dei Lappi solleva le sue perplessità: perché diavolo fanno così a chi gli fa del bene? E Roberto, paziente, spiega che è gente che non ha nulla.

Tutti questi ospiti, con i propri difficili bagagli esistenziali, vedono e incontrano Eva. E si fanno certamente domande. Paragonano la propria esistenza con questa ragazzina inchiodata al suo lettino. Ascoltano le preghiere che alimentano la vita della famiglia. Qualcosa accade. E quando apparentemente non accade nulla, resta probabilmente un seme piantato da qualche parte nella loro memoria.

È lo stesso per le ragazze che a turno aiutano ad assistere l'ospedale da campo di Eva. Alcune sono brave e generose, altre faticano, non reggono l'impegno. Qualcuna s'innamora e ringrazia, qualcuna è ostile e se ne va sbattendo la porta. La vita di Eva è una battaglia permanente tra la vita e la morte. Perciò tra l'amore e il suo grande nemico, l'odio, o semplicemente il nulla.

Non sentirete la parola santità, in queste stanze. Non la usano, preferiscono umiltà, ma non si può non pensarla, anche se i protagonisti dissentiranno imbarazzati. Roberto continua a dirsi parte dell'umanità distratta, che pecca ostinata e non sa gettare l'inutile per afferrare in mano la vanga e scavare, senza sosta, nel campo dove c'è la perla più bella del mondo.

A molti – coloro che hanno visto e udito – pare invece che qualcosa, non poco, sia stato già ben dissodato da lui e dalla sua famiglia, c'è un solco e una luce s'intravede, tra le zolle rotte e ferite di questa povera terra, a due passi dal colle di San Luca.

Siamo tutti figli di famiglie numerose.
A cominciare dai figli unici,
che si circondano di eroi immaginari…
Ma la familiarità viene dal desiderio del tutto,
dell'unità perduta.
Non si tratta di nostalgia.
È un desiderio insopprimibile.

(Daniel Picouly, *Il campo di nessuno*)

«Parliamone…». È il clandestino a proporlo. Che poi clandestino non è. S'intrufola e vive liberamente in casa Lappi da quasi dieci anni. In pratica è l'undicesimo componente della famiglia. Entra anche questa volta, non previsto, dopo cena, accolto da rumorosi saluti. C'è immediatamente una storia su di lui, che viene raccontata: prende le mosse da una battaglia a palle di neve. Le storie, da queste parti, sono tante e imprevedibili.

Quando arriva l'ospite inatteso, è in corso un vivace dibattito, una sera d'autunno, attorno alla solita grande tavolata imbandita mentre Eva, stanca per la periodica fisioterapia, ascolta e osserva. Si è deciso che questa tribuna familiare sia uno spazio riservato alla narrazione della vita dei fratelli e delle sorelle di Eva. Roberto e Claudia, provvisoriamente esautorati, sorridono e osservano da spettatori quest'insolito seminario domestico. Sono in sette, i protagonisti, più il clandestino ufficiale. Manca solo Maddalena in questa circostanza.

La discussione a un certo punto verte su come intitolare proprio questo capitolo della storia di Eva.

Francesco, il primogenito detto Checco, gioca con la sorella e prova a farle assaggiare un minuscolo pezzo di prosciutto. «Eva e il prosciutto», proclama come possibile titolazione della serata. Non prendono sul serio il compito d'inventarsi un titolo. C'è chi scherza e rilancia un «Beviamoci sopra». Sara, la più piccola, che ha propensioni artistiche, azzarda la sua proposta: «Un pizzico di sale!» e scatena l'entusiasmo del padre, che c'aggiungerebbe «e di pepe!». Altri buttano lì, autoironici: «I giovani»... «I ragazzi»... «Fede e le sue leggende»... Fede è il clandestino ufficiale, amava da ragazzino ingigantire storie e notizie, inventandosele, come accadeva con *Kung Fu Panda*. È lui a proporre il «Parliamone».

Giuseppe prova invano a riformulare, usando i numeri dei Lappi, il titolo del famoso musical *Sette spose per sette fratelli*. È un film che va per la maggiore, da queste parti, se lo riguardano spesso a Natale. Caterina invece rinuncia in partenza, dichiara di non avere propensioni per inventare titoli.

Il redattore capitato quasi per caso in questa strana brigata s'allontana poi nella notte, contento anche se privo del titolo, accompagnato per un tratto dal padre, lieto e in T-shirt nonostante il freddo pungente. Spera in una qualche illuminazione, all'alba, lo scribacchino. O nella clemenza di qualche lettore. Ha solo con sé diverse pagine di appunti rapidi e confusi.

E allora parliamone. Raccontiamo di questi giovani volti e, almeno come tentativo, di cosa alberga nei loro cuori. Fede, il clandestino dell'ultima ora e che si fregia d'aver compiuto 22 anni, li definisce con entusiasmo un "branco". Nella foto di famiglia, appesa sul muro della sala da pranzo, figura anche lui. Scordatevi perciò qualsiasi stereotipo. Rifuggite da santini e iconografie. Non commettete l'errore di pensare che siano granitici, tutti d'un pezzo, con l'aureola, e che non abbiano vissuto dubbi e litigi e crisi.

Non ce n'è uno che sia uguale all'altro, tra quegli otto, anche se è facile ritrovare nei loro occhi le tracce del ceppo familiare. E non è solo questione di età diverse. Non sono modellati con un qualche stampino uniforme. C'è chi è esuberante e chi riflette assorto, come Giuseppe, che emette pochi monosillabi; chi ha qualche lampo di tristezza, quella sera, perché una certa prova non è andata come sperava. E chi invece è eccitato, perché ha avuto accesso all'università che desiderava. La più piccola, Sara, s'è appena entusiasmata per una scatola di legno che conteneva del buon vino. Ha dei progetti su questa "box", s'incuriosisce per la ceralacca che c'è sopra: le spiegano che una volta l'usavano re e papi per i loro dispacci. Claudia e Roberto intervengono con moderazione nel dibattito, la serata appartiene ai ragazzi. Alla loro libertà.

«È filato tutto liscio con Eva e con questa strana famiglia, in tutti questi anni?».

No, non è filato tutto liscio. Ci sono voluti anni per capire, conferma Caterina con tono deciso. Ogni ospite nuovo e imprevisto che entra occupa spazio, lo toglie a chi c'è. Ed è così fisicamente, alla lettera: la casa non è affatto un castello o una villa signorile. Ogni figlio s'è trovato di volta in volta in camera un barbone, un disoccupato, un depresso, un tossico, una prostituta (ma l'imparavano dopo, di cosa vivesse). Davide, il penultimo della nidiata, lamenta ironico che finivano poi tutti in camera sua. E via risate in coro, nella sala da pranzo che funge anche da salotto.

Qualcuno o qualcuna restava per mesi, in questa dimora, con tutto il proprio bagaglio di vita, di fallimenti e di ossessioni. Di fronte a un ospite dall'occhio perennemente triste e depresso, Caterina, quand'era quattordicenne, a tavola una volta è sbottata, irosa, con un improvviso e imprevisto "e levati quella faccia!". Quella frustata verbale si è rivelata meglio di un farmaco e ha scosso quel ragazzo, che gliene è stato grato.

E poi le abitudini stravaganti e diverse. Andrea lamenta che c'era chi lasciava suonare a lungo, insensatamente, la propria sveglia alle 6 del mattino. Un giovane accolto tra di loro, furtivo, non rinunciava a farsi qualche canna di soppiatto. Ci litigano, inevitabilmente. Qualcun altro, ladruncolo recidivo, s'intascava di notte i pochi soldi nei salvadanai degli stessi figli. L'hanno dovuto affrontare e allontanare, con determinazione ma con dispiacere.

«Siamo diventati il servizio di accoglienza della diocesi», scherza loquace Andrea. «Pensano che siamo un centro di riabilitazione». Checco ammette di essere stato perplesso e disturbato dalla facilità con cui la gente mandava casi d'ogni genere "dai Lappi".

A un certo punto di questo lungo cammino di accoglienza, il padre e la madre hanno deciso di provare a coinvolgere i figli nelle decisioni. Si sono inventati una "prima adunanza democratica" (la definizione, scherzosa, è di Checco) per decidere un caso di accoglienza. Andrea ci ricama sopra, con un po' di lieto sarcasmo: "il nostro voto fu no, ma l'ospite venne lo stesso. In pratica ci avevano posto una domanda fittizia". E scoppiano altre risate.

Non è così, in realtà. Claudia e Roberto hanno seriamente meditato se continuare questo cammino intenso di accoglienza e carità, proprio pensando ai figli e alle loro difficoltà. Accade che la risposta arrivi proprio dai figli, che avevano votato contro nella prima adunanza democratica. Quando arriva bisognoso d'aiuto un cugino, non si tirano indietro, sono loro i primi a dire di sì. E la storia di accoglienza in casa di Eva va avanti.

In poche parole, c'è stato un cammino, una crescita. «Da piccoli» spiega Checco, «si avvertiva che ci vedevano un po' come una anomalia, essendo in tanti, una cosa fuori dal comune». «Molti la ritengono una sfortuna, essere in otto» aggiunge Andrea, «e invece non è così». Checco ricorre a una sorta di parabola: «da piccolo si rischia di sentirsi una pecora nera solitaria in mezzo a tante pecore bianche e si vorrebbe essere pecora bianca, come gli altri. Adesso, una volta cresciuti, s'impara che è meglio non essere pecora bianca uguale alle altre».

«Quando sei piccolo hai più bisogno d'attenzione» commenta Caterina, «poi nella fase adolescenziale si è tutti concentrati su di sé e fatichi ad accettare di non essere il centro dell'attenzione, le liti diventano inevitabili. Dopo, nel tempo, capisci».

E ridono tutti assieme di certi traumi dell'infanzia. Soprattutto del "maxi trauma" toccato a tutti – lo definiscono esattamente in questo modo – ovvero delle recite di Natale, di cui pare essere ultima vittima Davide. In che cosa consiste questo doloroso e irrisolto turbamento infantile? L'assenza dei genitori alle ricorrenti rappresentazioni natalizie a scuola. Tutti i genitori degli altri compagni sono presenti, ligi, mancano solo i Lappi. Perennemente latitanti o in ritardo cronico. La causa è inevitabile, in realtà, ed è Eva, che necessita di continua assistenza.

Ora i ragazzi scherzano divertiti su quell'assenza. Ne conoscono la grande ragione. La sorellina bisognosa. Il trauma dei traumi non ha lasciato ferite per alimentare le parcelle di qualche psicanalista. E poi c'è già lo psicologo in casa: è il babbo, puntualizza con ilarità Andrea, a furia di accumulare esperienze e casi della vita.

In definitiva – lo riconoscono con serenità – a loro non è mai mancato nulla. «Quando fai dieci» è ancora Andrea, irrefrenabile, a tirare la morale, «puoi fare anche undici». E subito un'altra risata collettiva s'accende.

«Andrea è Marta che non si lamenta degli altri», lo prendono in giro così, i fratelli, paragonandolo al personaggio evangelico.

L'undicesimo già acquisito di fatto, Fede, fa una sua dichiarazione spontanea: «Questa famiglia è stata la più grande scuola di vita che abbia mai avuto da quand'avevo 14 anni». E tutto cominciò da una battaglia invernale, con palle di neve, in una delle quali era anche nascosto un sasso. Non ci furono feriti, e da quella giovanile guerriglia è nata un'amicizia che è diventata, per questo ragazzo, educazione, diligenza, senso del dovere, condivisione di quel che si ha (lo capì quando si comprò un intero pollo, pensando di mangiarselo egoisticamente tutt'intero, da solo, una cosa impensabile in quel "branco" che l'aveva portato in vacanza).

«Ed Eva? Come entra nelle vite di questi ragazzi?».

I toni cambiano, quando si parla della sorella. Quando sono piccoli tutto sommato non la considerano più di tanto. Poi cominciano a capire quello che hanno e che a Eva sembra mancare. Non è una croce – non più di tanti altri pazienti che vivono in altre famiglie, sottolinea Giuseppe – anche se in molti frangenti questi ragazzi hanno visto cosa comportino emergenze, ambulanze, corse affannate di medici e paramedici per la casa, mentre un figlio è stupito e assonnato a tavola, a fare colazione e a chiedersi che sta succedendo.

Un episodio drammatico s'è stampato nella memoria di Caterina. Per una sera, i genitori sono fuori. In casa c'è lei – è una ragazzina, in quel momento –, Checco è nella sua stanza e le assistenti stanno per darsi il cambio. Una di loro è nuova, totalmente inesperta. D'istinto Caterina supplica la ragazza che sta per andarsene a casa di restare ancora un po'. È la più capace. Non sa perché le viene spontanea questa richiesta. Non ci sono indizi premonitori, tutto sta andando come al solito. Improvvisamente la poltrona speciale si rovescia, Eva cade a terra, a faccia in giù, si staccano tutti gli strumenti salvavita. Iniziano a urlare, la nuova assistente entra nel panico. Checco dalla sua stanza, abituato a sentire urla nella casa, conta fino a dieci prima di essere certo che ci sia una vera emergenza. Per fortuna è rimasta, oltre l'orario, l'esperta. Il fratello arriva a sua volta, riescono freneticamente a riattaccare le macchine e a sistemare Eva. Pochi secondi ancora e sarebbe rimasta senza ossigeno.

«Sarebbe morta» lo dice convinta e con le lacrime agli occhi, Caterina, mentre rivede la scena, «se non avessi chiesto all'assistente più brava di rimanere. Noi e la nuova non sapevamo cosa fare». Ancora oggi si domanda cosa sia stato a suggerirle quella supplica che ha salvato Eva.

I figli sanno, dopo tanti anni di convivenza, che non potranno duplicare i genitori. Non saranno le loro fotocopie. E nemmeno questo pretendono, Claudia e Roberto. I figli sono liberi. Però sanno già che resterà nei loro cuori il senso della carità vissuta, il rifiuto dell'indifferenza, il vantaggio straordinario di non essere soli. E il dono di Eva, di cui ringraziare.

Caterina si batte il petto metaforicamente: dice di vergognarsi di essere stata egoista in passato. Davide, il piccolo, abbozza che forse, un po' di egoismo, come difesa, «non è del tutto sbagliato».

«Sei ancora adolescente», gli replica sorridente Caterina. «Adesso mi rendo conto» racconta commossa all'uditorio improvvisato, «che Eva ha troppo da dare, non può rimanere chiusa in una famiglia. Lei è una luce sul moggio. Nessuno di quelli che l'hanno incontrata si dimentica di lei. Nessuno. Noi siamo le sue braccia, la sua parola, le sue mani. Non lo s'impara leggendo un libro, chi è Eva, ma standoci assieme».

Eva è un parafulmine, le disse un giorno un sacerdote. Si è fatta carico delle nostre colpe.

A Roberto torna in mente la domanda che lui e sua moglie, come Giobbe, si erano fatti tanti anni prima, di fronte al mistero doloroso di questa figlia: «Perché proprio a noi?». Non afferrarono, in quell'istante, la risposta del primario che li assisteva: «Per fortuna che è nata da voi, in una famiglia così. Fosse nata in un'altra, casomai con un solo figlio, non ce l'avrebbero fatta, ne sarebbero usciti distrutti».

Roberto rivive quelle parole, che allora potevano sembrare quasi beffarde. «Per fortuna che è nata da noi». Lo dice sorridente, di fronte al giovane uditorio di quella sera d'autunno.

Non lo si impara leggendo un libro, questo è certo.

Il Natale ignoto e la pizza

Strada facendo, vedrai
Che non sei più da solo
Strada facendo troverai
Un gancio in mezzo al cielo.

(Claudio Baglioni, *Strada facendo*)

«Ci hai mai litigato con Roberto?». La domanda sorge istintiva, soprappensiero, dopo aver udito la storia di Nicola. È una domanda a prima vista inopportuna. Roberto è un buono, uno che non molla ed è propenso al perdono continuo. Chissà perché vien da chiederglielo. Forse dipende dall'aver ascoltato dei travagli in quella famiglia nomade o di quella volta terribile in cui lui, il ragazzo picchiato, tornò, ormai quasi ventunenne, a chiedere di nuovo asilo alla casa di Eva.

Non è una storia come tante altre, questa di Nicola. Lui la racconta sereno. Ha un sorriso semplice, la voce pacata e due occhi che guardano lontano. E te la deve raccontare su due sgabelli della piccola pizzeria da asporto, "Lucia", in un quartiere popolare di Bologna. Va spiegata lì la sua vita, tra il bancone e la vetrina, per non svegliare Lucia che ha fatto tardi, a causa del lavoro. Lei è la ragazza che ora accompagna la sua vita e alla quale ha dedicato il nome della sua piccola impresa.

Mentre senti narrare la vicenda, che abbraccia quasi vent'anni, con la serranda di "Lucia" semiabbassata, passano viandanti casuali e tutti salutano Nicola calorosamente. Lo conoscono in zona. Uno torna addirittura indietro, nonostante abbia palesemente fretta, e si rivolge allo scribacchino casuale appollaiato sullo sgabello: «La pizza qui è buonissima, è la migliore, devi assolutamente provarla!». E poi torna rapido alle sue pressanti occupazioni, con l'espressione di chi ha fatto e detto una cosa giusta.

Ascoltando Nicola e osservando il suo sguardo, vien spontanea alla mente una considerazione: questo ragazzo, ora di 34 anni, è grato. La parola che, guardandolo, s'accende in testa, pur essendo oggi rarefatta e difficile da trovare in circolazione, è "gratitudine". Non senti livore, odio, rammarico o rivalsa, nelle sue parole dirette, senza fronzoli. Ed è tenace.

Deve aver assimilato qualcosa da un solido ceppo umano. Le sue parole e la sua vita ci diranno da chi ha imparato ad essere così.

Bisogna tornare alle ultime propaggini della guerra, per capire. La stessa guerra che portò Roberto e Claudia nei poveri cubetti del Friuli.

È la storia di una famiglia nomade arrivata in Italia dalla Serbia, come rifugiata durante gli ultimi rintocchi del conflitto nei Balcani. E ti ritrovi rapidamente a fare un viaggio, sentendolo narrare, tra liti continue, disagi e lotta per la sopravvivenza. È una vita fatta di approssimazioni. Di botte. Di alloggi precari. Di denaro sprecato. Di sigarette e di espedienti. Ma è anche la storia di una fedeltà ripagata, di una luce, di un Natale che il ragazzo non conosceva e che scoprì, anni dopo, dalle parti di Eva.

«Ci hai litigato con Roberto?».

Nicola ride: «Tante volte. Come si litiga tra un padre e il figlio. Mi ha spronato, richiamato, corretto, sollecitato, sgridato...».

«... Come un padre con il figlio...».

Quando ha più o meno 15 anni, gli assistenti sociali propongono al ragazzo, che vive in una specie di campo nomade, una borsa lavoro. Un tirocinio di qualche mese, pagato qualche lira, presso un'impresa. Nicola vorrebbe imparare a fare l'elettricista. Non sa nulla di elettrodi e volt, ma è il suo sogno. Accetta la proposta di questa borsa lavoro, pur ignorando il significato delle parole "ditta" e "impresa".

«Che è una ditta?», chiede agli assistenti.

«Un'impresa», rispondono.

«E che è un'impresa...?».

Siccome vive dalle parti di Casalecchio di Reno, gli propongono di andare da Ora et Labora. Altre due nuove parole che gli suonano completamente aliene.

All'inizio ha un po' paura, non sa cosa l'aspetta ma scopre presto di essere accolto con umanità. Non fa l'elettricista, è troppo presto. Però gli piace buttar giù i mattoni dal terzo piano. Lo dichiara sorridendo: a 15 anni è divertente sbarazzarsi così dei detriti, dall'alto, forse all'insaputa dello stesso datore di lavoro. A quell'età, nonostante tutto, molte cose possono risultare spassose. Per farla breve, sperimenta cosa voglia dire fare l'aiuto muratore. Nel frattempo decide di studiare, inizia ad andare a scuola all'istituto Fioravanti per imparare a fare l'elettrotecnico. Il grande obiettivo.

Nulla è facile però, quando l'adolescenza esplode. Tra i suoi familiari mancano i soldi e, quei pochi, si spendono più in sigarette che in cibo. «La cultura è quella», annota con rassegnazione. Le liti in famiglia aumentano.

Finito il tirocinio, torna a chiedere a Roberto se può dargli un qualche lavoro: non sa come riuscire a mangiare e a pagare l'affitto dell'appartamentino precario in cui vive con la madre, il patrigno e i fratelli. Cosa far fare a un ragazzo che va a scuola e ha solo il pomeriggio libero? L'imbianchino! Nicola è convinto di non star facendo bene quel mestiere, che non aveva mai praticato prima, ma Roberto gli dà spesso il doppio del pattuito. Lo aiuta, in continuazione. L'avevano già aiutato anche a rimediare un permesso di soggiorno, per poter studiare ed essere in regola. Prima era solo un semi-clandestino.

A un certo punto, tuttavia, Nicola intuisce che qualcosa non va. Roberto non gli parla dei problemi che ha, non sbandiera le sue croci, così come non esibisce mai le cose buone che fa. Inizialmente teme sia colpa sua, perché non sa far bene l'imbianchino: pare non esserci più lavoro per lui. Dopo un po', arriva a capire che non è lui il problema, intravede che Ora et Labora non sta più lavorando. Si convince che la ditta versi in gravi difficoltà.

In realtà è nata Eva. La vita della famiglia è sconvolta, i due genitori si dedicano anima e corpo a questa creatura, rimettendoci anche nel lavoro e vivendo, di conseguenza, di espedienti e provvidenza, durante il lungo calvario di una bambina che non doveva sopravvivere.

Nicola si offre, vuol dare una mano a chi lo ha accolto. Inizialmente Roberto e Claudia gli chiedono di stare un po' a casa con i figli – sono cinque, in quel momento, i predecessori di Eva, e sono ancora relativamente piccoli. Lui va regolarmente da loro, mangia con la famiglia. Claudia – nonostante la tempesta che li sta mettendo alla prova – riesce ad aiutarlo a studiare. Nicola ha incontrato Eva. Piano piano se ne innamora come un fratello. Per aiutare i genitori, impara quel che serve di fisioterapia, per stimolare e muovere la piccola e offrire qualche pausa e cambio ai genitori. Quando Eva torna a casa, dopo tanta terapia intensiva e tante speranze deluse di miglioramento, bisogna addestrarsi per fare cose da infermieri. Eva non migliora, nemmeno un'operazione estrema, radicale, è servita.

Il ragazzo resta con loro per circa un anno, nell'appartamentino in cui vivevano allora i Lappi, sempre a Casalecchio. Gli han fatto un contratto da collaboratore domestico! E ricorda così la bambina in quei primi tempi: «Era piccola come un cuscino. Quando mi vedeva» lo dice con un pizzico di orgoglio e affetto, «le si illuminavano gli occhi».

Per stare con loro e aiutare, chiede alla scuola di poter passare ai corsi serali. Alla fine, dopo questo lungo cammino, Nicola sente di dover provare a tornare dalla sua famiglia d'origine, dove c'è il suo patrigno. Non funziona. Il confronto tra le due famiglie s'impone, inevitabile, l'aria che si respira nelle due case è diversa. Lieta, non cupa, dai Lappi. Pesante, irosa e litigiosa con la sua stirpe d'origine. Dopo l'ennesima lite, segnata anche da percosse, Nicola torna a chiedere di poter stare con Eva e i suoi. Ha 21 anni.

È la volta buona, definitiva, che lo porta a scoprire un talento per la pizza – sì, proprio la pizza – e a realizzare il sogno dell'elettricità. Sta per diventare adulto, autonomo. Claudia lo aiuta a scrivere il *curriculum vitae*. Anche questo è un oggetto ignoto, per il giovane. Vanno insieme a darlo in giro, in cerca di lavoro. Nicola è però certo che, anche senza di lui, i Lappi andassero a segnalarlo in vari luoghi. Alla fine, salta fuori una possibilità di lavoro dentro a Shopville, il megacentro commerciale alla periferia di Casalecchio. Il ragazzo ottiene un contratto in regola, grazie anche al fatto che ha appena rinnovato il permesso di soggiorno. Aiuto pizzaiolo.

S'entusiasma per la pizza. Le prime che realizza le porta a casa di Eva, per la ciurma affamata dei numerosi ragazzi che sono aumentati di numero e abitano in un alloggio finalmente più spazioso, ricavato nell'ex garage. Magnificano la sua pizza, lo gratificano, lui s'immagina d'aver fatto chissà quale capolavoro. Una semplice e banale pizza, commenta ora sorridendo. Questa e il diploma gli cambiano la vita. È all'orizzonte anche una fidanzata.

Con qualche soldo finalmente in tasca ma soprattutto con l'aiuto di Roberto, mette in piedi, dal 2015, la sua pizzeria d'asporto, con il nome della sua ragazza italiana. Di giorno fa l'elettricista, alla sera, compresi sabato e domenica, impasta, cuoce e diffonde la sua pizza. Se c'è uno che dà una mano al Prodotto Interno Lordo del Paese è certo lui, Nicola, e non ha nemmeno la cittadinanza italiana. Resta in permesso di soggiorno. Sente di essere un cittadino del mondo, libero.

Senza Roberto e Ora et Labora non avrebbe potuto farcela. Lo ripete. La "ditta" gli ha ristrutturato il negozietto. Non vogliono niente in cambio, i Lappi, ma Nicola vuole restituire, poco alla volta, qualcosa di quanto ha ricevuto. Si sente figlio e debitore. E fratello di Eva.

Talvolta Roberto passa a prendere le pizze da "Lucia" per la numerosa squadra di casa. E lì inizia la battaglia. Ancora non è stata filmata, in via Luigi Ricciboni, ma prima o poi accadrà che qualcuno immortali la bizzarra gara che s'accende tra i due. Nicola non vuole un centesimo da chi tanto l'ha aiutato. Roberto gli mette i soldi a forza sul bancone e, letteralmente, scappa con le pizze verso l'auto.

Nicola l'insegue e gli ficca dentro l'auto i soldi. Roberto li butta fuori. Nel frattempo, per la fretta di sottrarsi alla gratitudine di Nicola, scorda una pizza. Non riusciranno a dividersi, quei due.

Oltre le parole, le immagini

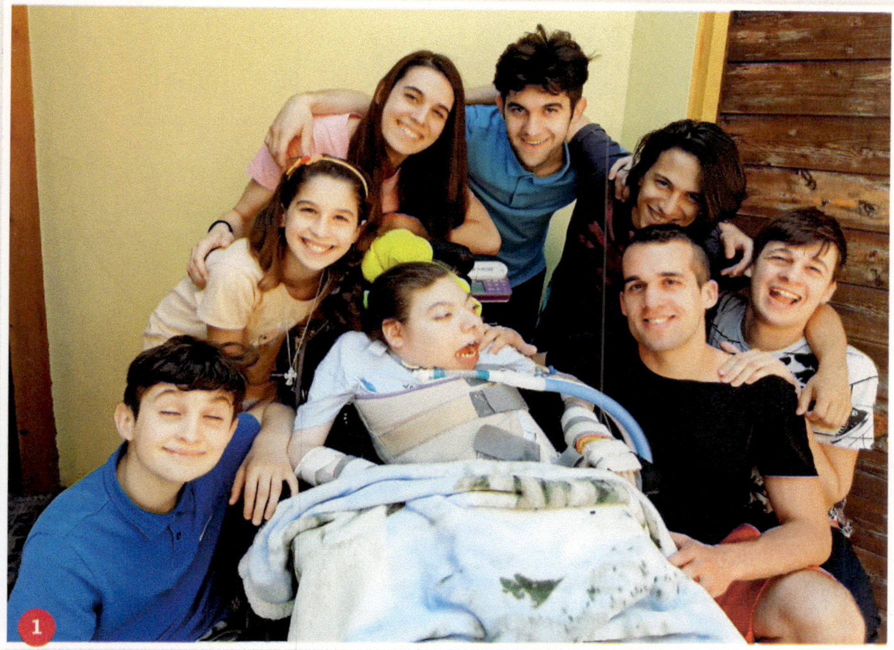

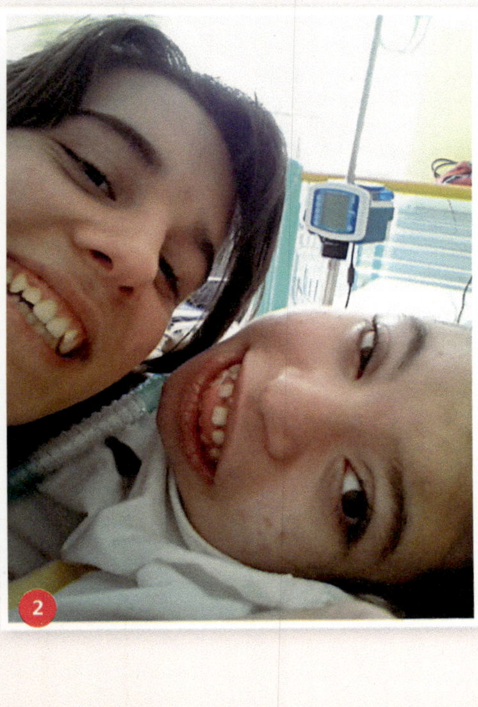

1. Eva con i fratelli e le sorelle nell'anniversario di matrimonio dei genitori.

2. Caterina, la sorella maggiore, con Eva in ospedale.

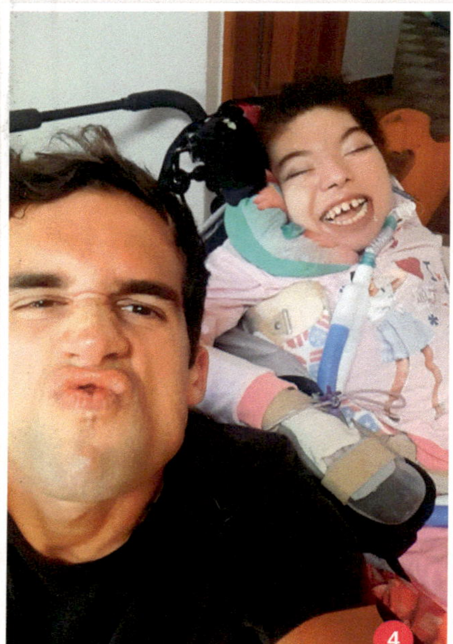

3. Caterina e Davide.

4. Checco e Eva.

5. Classica cena con pizza.

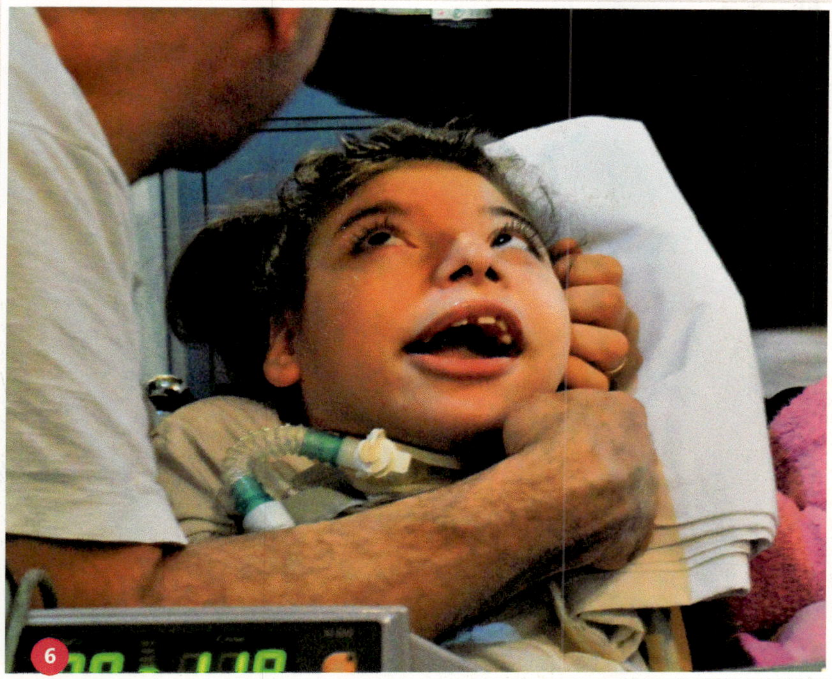

6. Papà Roberto e il sorriso di Eva.

7. Eva durante il compleanno di Davide, il penultimo nato in famiglia.

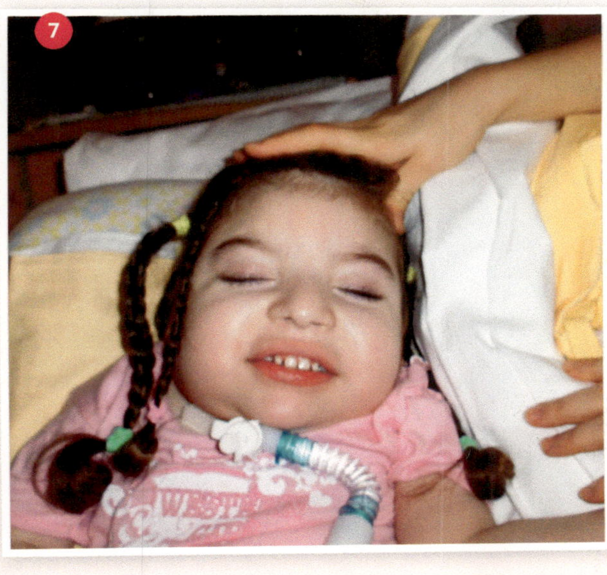

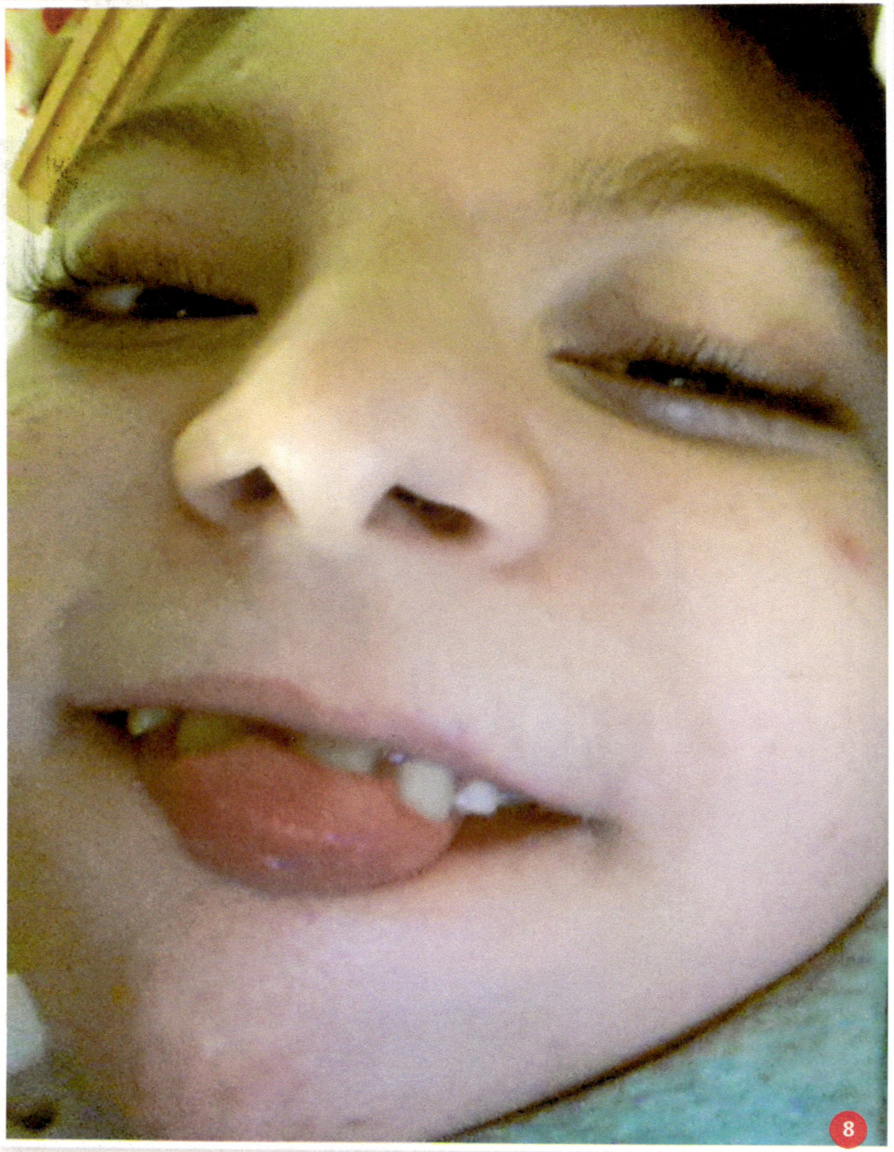

8. Eva, aprile 2013.

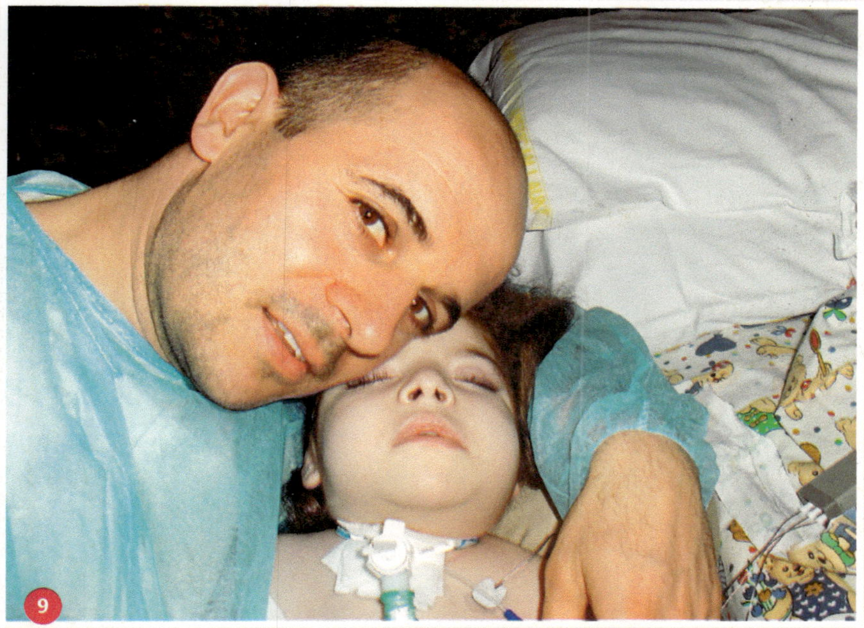

9. "Chi ama non teme", papà Roberto.

10. "Chi si ama si dona", Eva e Francesco detto Checco, il primogenito.

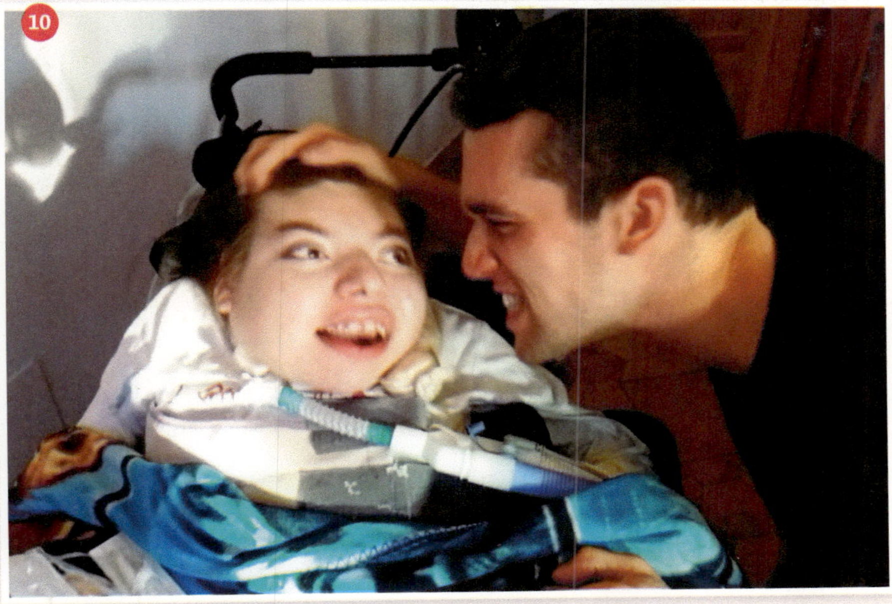

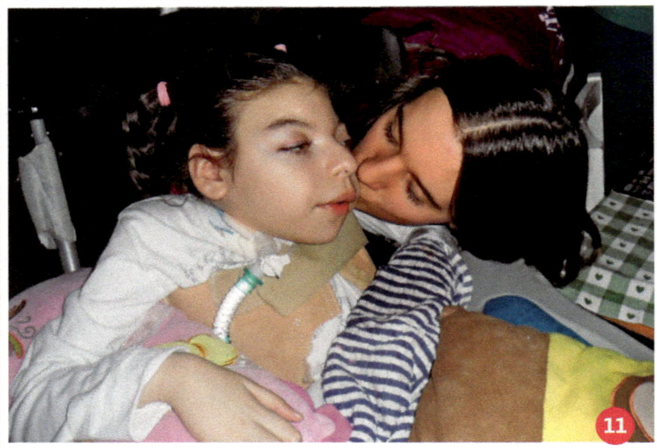

11. Eva e il compleanno
di Caterina.

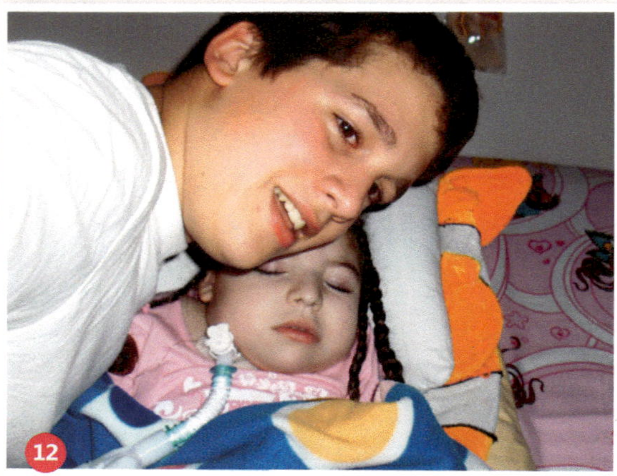

12. e 13.
Eva e il compleanno
di Davide.

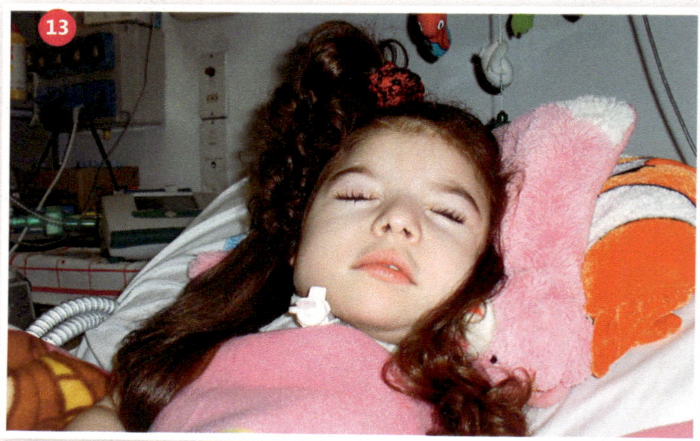

14. Si festeggia il compleanno di Francesco.

15. Eva con Maddalena, la terza nata.

16. e 17. Eva durante alcune delle sue numerose emergenze in sala di rianimazione.

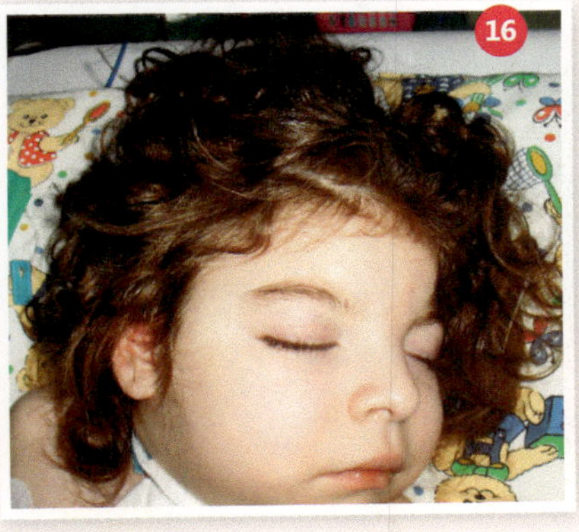

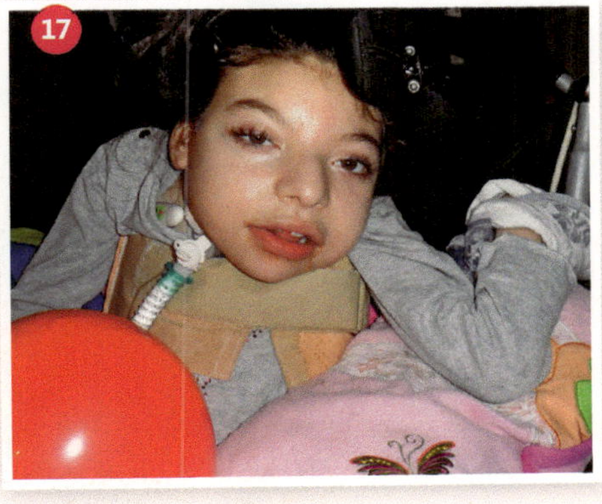

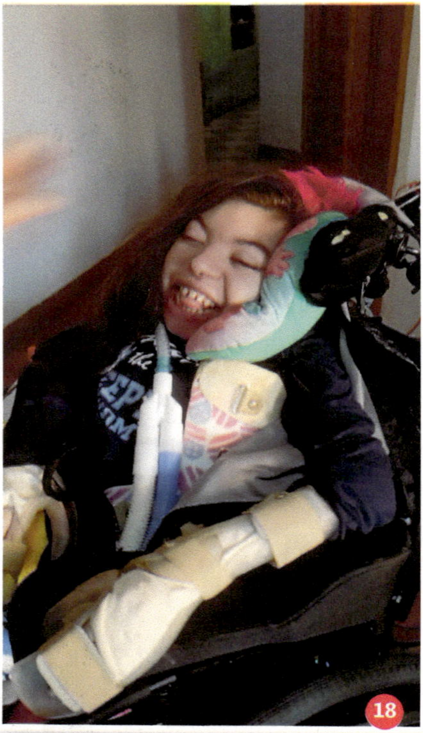
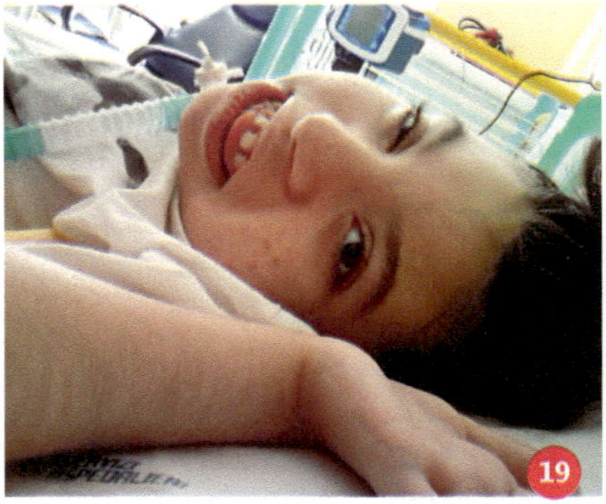
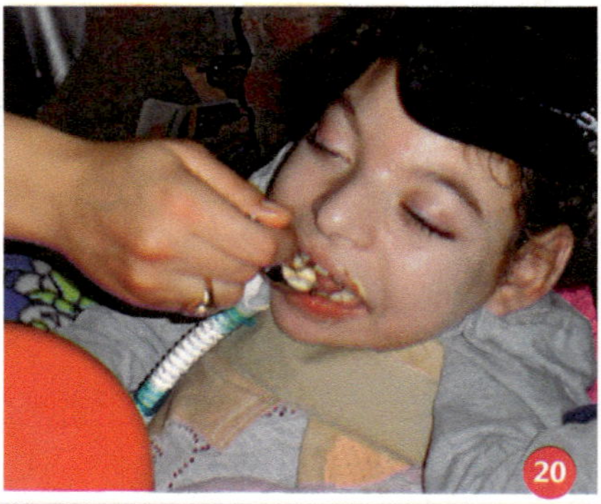
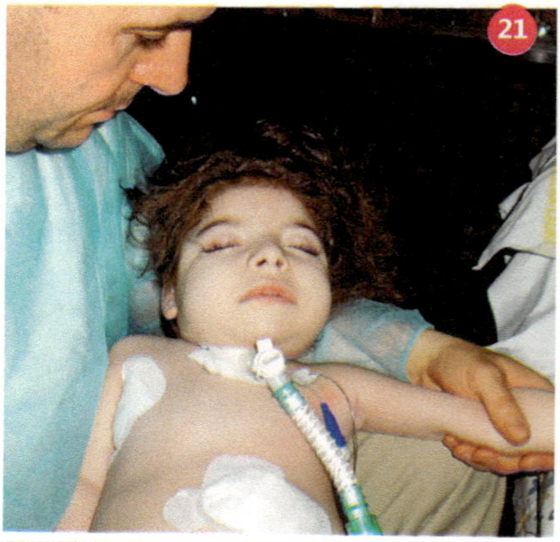

18. Eva nella sala di casa.

19. Eva in ospedale.

20. Finalmente un gelato.

21. Eva nel febbraio del 2007, poco più di due anni di vita.

22. Laurea in giurisprudenza
per Caterina.

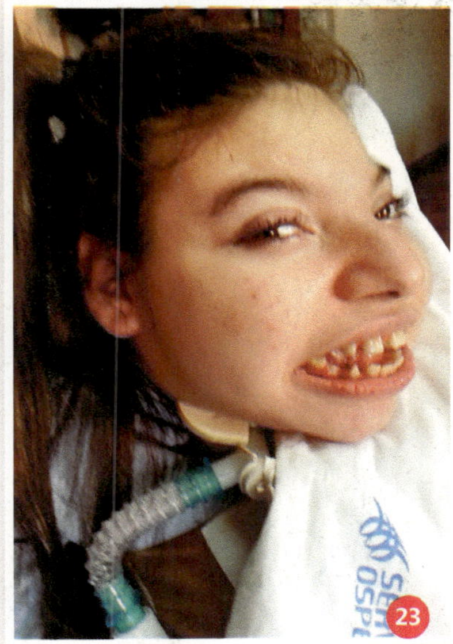

23. e 24.
Eva nel gennaio del 2016.

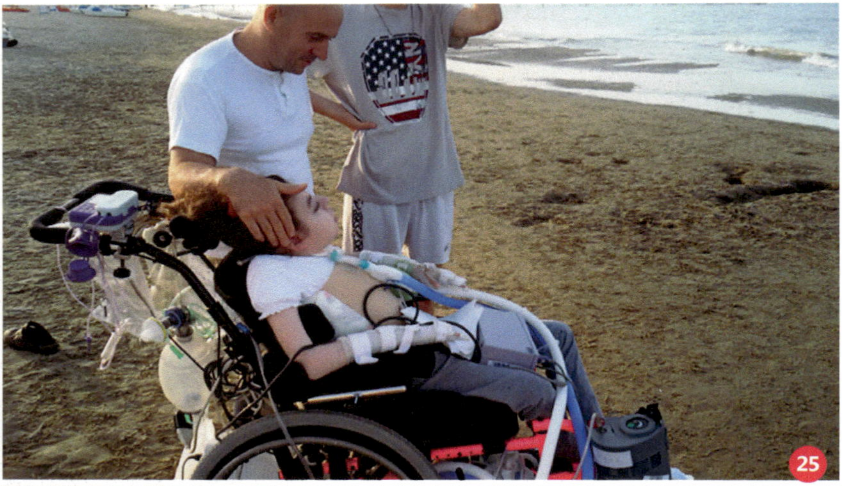

25. “Ha fatto bella ogni cosa”,
Eva al mare.

26. La piccola Sara,
l’ultima arrivata in famiglia.

27. I maggiori:
da sinistra, Francesco,
Andrea, Giuseppe e Caterina.

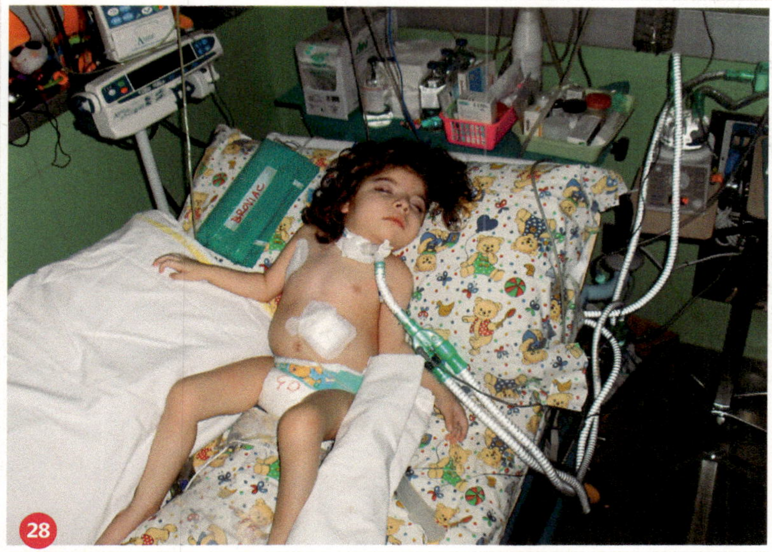

28. Eva e tutto ciò
che le serve per vivere.

29. Alcuni fratelli
in gita a Mantova.

30. Eva e Lidia,
un'amica tornata a trovarla.

31. "Nella gioia e nel dolore", Roberto e Claudia.

32. "Nella salute e nella malattia", foto di famiglia.

33. Eva in una
delle sue tante presenze
in sala di rianimazione.

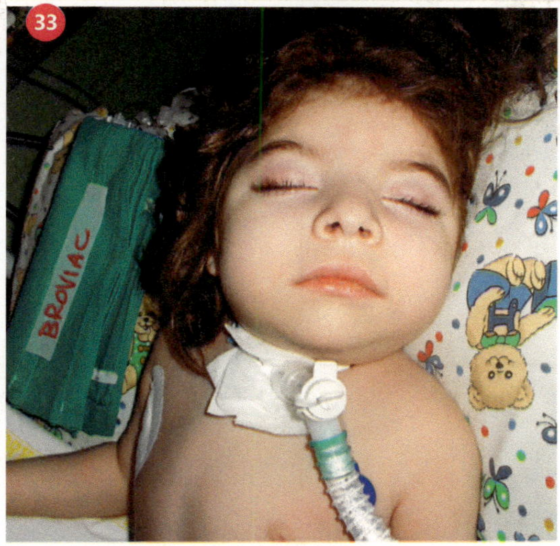

34. "Prometto
di essere sempre con te",
mamma Claudia.

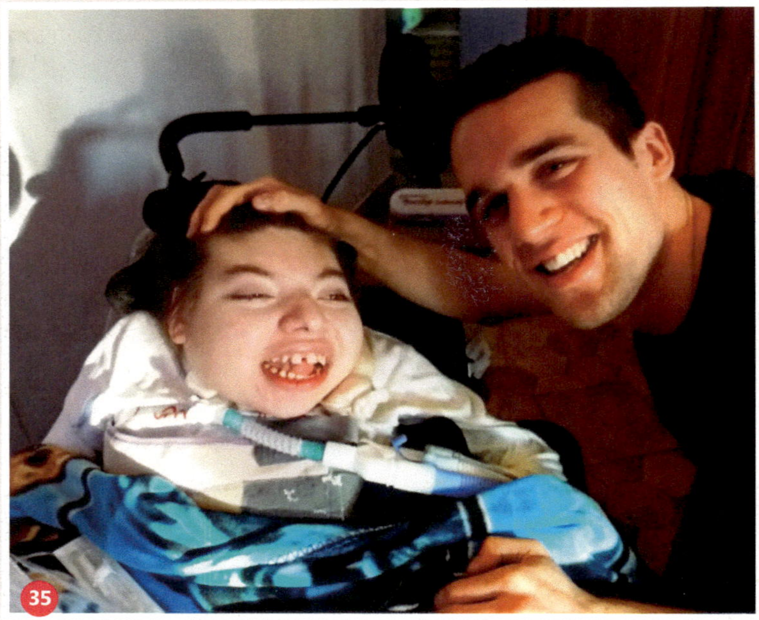

35. Checco, sempre a scherzare con la sorella.

36. Sara e Davide, gli ultimi.

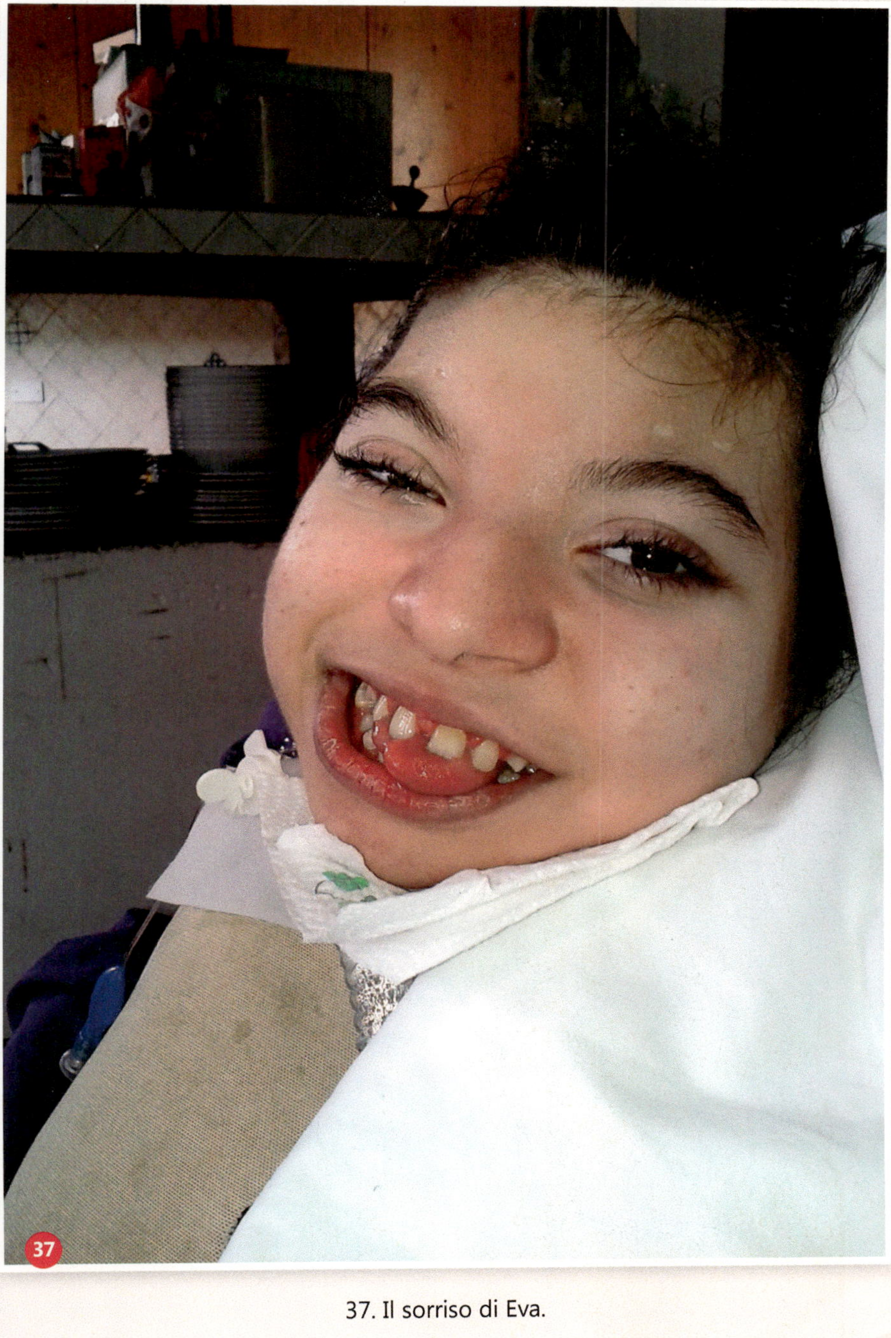

37. Il sorriso di Eva.

38. Zia Alberta e Sara.

39. Cresima di Sara.

40. Classica cena in casa Lappi.

Nicola ha imparato cosa significa Ora et Labora. Sa che ha a che fare con un'antica regola che era ed è un motore esistenziale per vivere e costruire. Nella sua vita, prima di Eva, non c'era alcuna formazione religiosa. Forse un lontano nonno era ortodosso praticante, per il resto un vuoto. Il pregare dei Lappi lo lasciava perplesso, incuriosito. Come con tutti, non gli è stato imposto nulla. Ha scoperto pian piano perfino cosa sia il Credo. Per spiegare da quanto lontano arrivi, racconta che non sapeva nella maniera più assoluta quale fosse il significato del Natale. Pensava si trattasse solamente di una festa di luci e lustrini per farsi regali, vendere prodotti e scambiarsi auguri. Adesso conosce che è la storia di un Dio che si è immerso nella nostra carne, nel nostro mondo. E lo dice quasi a sé stesso, con lo sguardo pensoso, sempre rivolto lontano.

"Dio che s'è immedesimato tra di noi", ripete sottovoce...

Ikigai

Qualunque cosa tu dica o faccia
c'è un grido dentro:
non è per questo, non è per questo!
E così tutto rimanda
a una segreta domanda...

(Clemente Rebora, *Sacchi a terra per gli occhi*)

Aveva deciso risolutamente non farsi tatuaggi. La moda imperante tra i giovani d'oggi e tra non pochi adulti. Era un proposito condiviso dalla famiglia, questo no al "tattoo". Ed ora ne ha uno, discreto e apparentemente intraducibile, sull'avambraccio sinistro. Ha infranto il voto ed è colpa di Eva. In qualche modo, tutto è capitato per via di un semplice annuncio lavorativo, su uno dei tanti siti della Rete. Il destino, con i suoi stratagemmi, gioca strani scherzi, a volte.

Quel tatuaggio è maturato nell'estate del 2021, mentre Tania accudisce Eva e tutto il mondo continua ad essere assediato dalla pandemia. Racchiude un suggerimento segreto, un grimaldello esistenziale per vivere.

Ikigai.

Tania è una ragazza alta, slanciata, dai capelli neri come il suo sguardo penetrante e profondo. Non è altezzosa, il suo occhio non è superbo. Semmai pare timida. Ed estremamente gentile e riflessiva. Ha un passato sportivo, una passione per la pallavolo che l'ha portata a sfiorare la serie B. Quello sport potrebbe essere letto come una metafora delle sue aspirazioni: vuole volare in alto. Del resto a scuola, e anche agli inizi degli studi universitari, ha sempre ottenuto eccellenti risultati. Ha uno spiccato senso del dovere. E vuole aiutare gli altri. Certo, tenere assieme ogni giorno quel che si deve fare e quel che si desidera, puntare costantemente al massimo, alla lunga può rivelarsi non facile.

Il pensiero di imboccare la strada della medicina le si affaccia anche a seguito di un test di orientamento che la segnala come portata alle professioni sanitarie. E poi sente sempre acuto il desiderio di essere utile. Resta colpita da un film dove uno straordinario Robin Williams interpreta un medico autentico, *Patch*

Adams. Ecco quel che vorrebbe essere. Un dottore che non ragioni a compartimenti stagni, che non riduca la persona alla sola malattia, ignorando il resto.

Una lunga, cronica malattia della madre – a lungo non capita dai dottori – ha giocato un ruolo in questa sua aspirazione. Vorrebbe essere un medico che possa fare la differenza, di fronte a un calvario del dolore come quello patito da sua madre. Imbocca la strada della medicina, quanto mai determinata. Del resto, a riprova del suo temperamento, si è anche impegnata in organizzazioni di volontariato: la Pubblica Assistenza, Bimbo Tu. Sono gli indizi di chi non pensa solo a sé stesso.

L'inizio riesce, i primi esami sono all'altezza della Tania di sempre, ma sulla lunga distanza qualcosa s'incrina. La fatica aumenta. I dubbi pure. Rallenta negli esami. Incespica nel suo cammino. Gli studi si rivelano un ostacolo ben più impegnativo della rete da superare, nel suo sport preferito. Non è solo questione di esami, qualcosa si è incrinato prima. Un accenno di vuoto esistenziale e di insicurezza dev'essere filtrato nel suo intimo.

L'annuncio gettato nel mondo virtuale da Roberto, nel mezzo della battaglia sanitaria che affligge il mondo e Bologna, è una semplice e speranzosa ricerca di assistenza domestica. Eva ha bisogno, sempre, ogni giorno, ogni notte. Chi è disposto a farsi avanti? Chi vuol mettersi alla prova con una ragazzina disabile?

L'avviso reperito casualmente nel "web" parla di un contratto per collaboratore domestico per aiutare portatori di disabilità. Anche una generica offerta di lavoro può essere un impensabile indizio del destino. La parola che accende l'attenzione di Tania è "disabilità". Il suo costante bisogno di essere utile, di dedicarsi agli altri è sollecitato. La ragazza che legge casualmente quel messaggio è una studentessa di medicina che si sta facendo infinite domande su di sé, sulla sua vocazione professionale, sul proprio futuro. Ha vacillato nel corso degli studi e ha avuto timore ad ammettere i dubbi sulle proprie capacità e l'incertezza sulla strada da percorrere.

È tutta colpa, questa afflizione, di un giudice molto severo. Lei stessa. È Tania a sentenziare con intransigenza su Tania. Ha paura a confidarsi, ad ammettere con altri e in casa la propria debolezza e quegli insuccessi finiti sotto la lente di quel giudice invasivo. Per questo le capita, inavvertitamente, di ritrovarsi addosso talvolta una sorta di maschera, per tentare di proteggersi. Con gli amici, con la famiglia. Tania non ha ancora scoperto il suo Ikigai. Così come non sa cosa l'aspetta dalle parti di Eva.

Manda il suo *curriculum vitae*. Sta cercando un qualche lavoro temporaneo per mettersi alla prova ma anche per pagarsi la retta universitaria. Non immagina neanche lontanamente chi sia Eva e in che condizioni viva. Roberto, tempestivo, la chiama. Parlano a lungo. Vieni e vedi, le dice. Devi toccare con mano di cosa stiamo parlando. Poi deciderai. E chissà che non ti aiuti a verificare la vocazione medica. Tania va, carica di dubbi. Ha spiegato dettagliatamente che sa poco o nulla di medicina, nonostante gli studi indicati. Non è questo che frena Roberto.

Quando arriva e viene introdotta in quella che sarà la sua casa per circa tre mesi, Tania vede che stanno pettinando una folta chioma di capelli scuri. Di Eva intravede solo questo, all'inizio. C'è una ragazza che sta assolvendo a questo compito e che le passerà le tante consegne. Non è un compito facile, aiutare Eva a restare aggrappata alla vita. Il padre sembra cavarsela quasi come un dottore.

Spiega tutto dettagliatamente, con sicurezza – «meglio di certe lezioni universitarie», commenta Tania – tra controlli di ossigenazione, pulizie degli strumenti, eliminazione di ciò che ostruisce periodicamente le vie respiratorie, Ambu per le emergenze e tutto l'apparato sanitario da presidiare.

Roberto, mentre descrive sua figlia alla giovane apprendista, si commuove e tocca il cuore della ragazza: «Sedici anni... pensa che voglia di vivere ha Eva! Come è attaccata... aggrappata alla vita!».

Tania, l'incerta Tania, ha una scossa, accetta la sfida. Continua a oscillare tra la ricerca della perfezione e l'incertezza sulle proprie doti. Anche cambiare un pannolino, in questo frangente, può essere un'impresa. Va avanti ugualmente. Si tuffa in tutto quel che c'è da fare. L'impegno richiede varie alzate notturne programmate, all'1 e alle 3 di notte, e alle 6 del mattino, per accompagnare e controllare la sua nuova particolare amica. Sa che dovrà, sia pure a turno con altre, gestire alcune volte da sola Eva, anche se Roberto, ovunque sia, è pronto a precipitarsi in aiuto, come del resto gli altri familiari.

Tania ha un po' di smarrimento, per la responsabilità che incombe. L'inizio dell'avventura con Eva è comunque adrenalinico. *Full immersion*. In poco tempo, con naturalezza, si sente già parte della famiglia. Vorrebbe vedere costantemente tutte quelle stanze subito piene della rumorosa e vitale compagnia dei Lappi. Avverte di aver con loro un legame. Si ritrova in sintonia con i fratelli maggiori, Francesco e Caterina, che le sono anagraficamente vicini. In poco tempo, quasi imprevedibilmente, sparisce quella maschera involontaria e lei apre il cuore sulle proprie debolezze. L'Ikigai forse è più vicino ora. Tania crede un po' di più nelle proprie possibilità. Il giudice interno sta attenuando la sua severità. La medicina sembra finalmente una sfida che può essere percorsa con qualche convinzione in più, dopo il pezzo di strada in questa inusuale famiglia.

Non tutto è facile, durante questi mesi intensi. Subentra inevitabilmente la fatica, per la Tania che vuol fare tutto, compreso tentare di studiare nelle pieghe dell'impegno preso per Eva.

È in un frangente di stanchezza e di prova, verso la fine del mese di luglio, che Tania viola l'antico proposito e si fa tatuare sul braccio Ikigai. È una parola giapponese che non ha un letterale corrispondente in italiano. Significa all'incirca "ragione di vita". Qualcosa per cui vale la pena vivere. Il motivo per cui alzarsi ogni mattina. La parola l'ha scoperta per caso, curiosando in una conferenza video.

Vien da chiedersi, forzando l'ideogramma giapponese, se non potremmo tradurla con "ricerca della felicità". Tania è una ragazza che cerca. Desidera autenticità. Si fa domande. L'Ikigai è in lei un'investigazione, un'esplorazione della vita. Sa altrettanto bene che il nostro tempo è limitato. Urge allora scoprire per cosa siamo fatti, per quale ragione siamo al mondo. In un antico quaderno di quand'era bambina, ha trovato il compitino con la domanda "Qual è il tuo desiderio più grande?". La risposta non può essere la stessa di quando aveva 8 anni – "andare d'accordo con tutti", era scritto in quel quadernetto – però oggi, dopo l'abbraccio di Eva, sa di non doversi ingabbiare e misurare in base ai fallimenti e alle cadute. Il cammino resta in salita, la vita continua ad essere una sfida difficile, ma ognuno di noi è qualcosa di più grande di un esame.

L'avventura di quest'estate pandemica termina quasi con una festa per Tania, in settembre, nella compagnia di Eva e dei suoi. Non è un addio. Lei ha deciso di iniziare il tirocinio previsto dal suo corso di studi. Resta però connessa stabilmente con il luogo e i volti che l'hanno portata a imprimersi il suo Ikigai.

Vien da pensare che l'arca dei Lappi funzioni meglio di tante sedute di psicoterapia. Come tutti, anche Tania è rimasta colpita e attratta dalla imprevista intensità religiosa che ha incontrato tra queste mura domestiche. Non ha alle spalle, al di là di alcuni riti confinati nell'infanzia, una vita di pratica religiosa. Ha subito imparato, dopo una iniziale sorpresa, che pregare non è obbligatorio per chi vive con loro. Intuisce che molto della loro letizia, del loro modo di stare insieme, dipende da questa fede vissuta. Ed è questo uno dei motivi che facilita il loro confronto assiduo, in casa, attorno al tavolo, su tutti i problemi della vita, e che alimenta il sentirsi amati. Percepisce con più consapevolezza, dopo questo contraccolpo, di avere un bisogno di spiritualità, di un significato più profondo nella vita.

Un giorno, Caterina, la sorella maggiore, le dice, per spiegare il senso dei legami che vive: «mi sento amata».

«È impossibile» chiosa Tania, mentre esplora il suo Ikigai, «che una simile affermazione non ti faccia venir voglia di essere amati, così».

Come Eva è amata.

Catarsi

Nel mezzo del cammin di nostra vita
mi ritrovai per una selva oscura
...
ma per trattar del ben ch'io vi trovai
dirò dell'altre cose ch'i' v'ho scorte.

(Dante, *La Divina Commedia,* Inferno)

Questa, di M., è una storia difficile da raccontare. Ha a che fare con un cammino lungo e periglioso dentro la selva oscura della nostra mente, nei suoi travagli, nella depressione che avvinghia senza preavviso e senza motivo apparente e che non sai come spiegare. Anche M. ha incontrato Eva ed è salito sulla sua scialuppa quasi per caso, undici anni fa. Stava viaggiando, da mesi, sul traghetto di Caronte della depressione verso una dannazione terrena. Il destino gli ha offerto un salvagente esistenziale. Si è ritrovato, lentamente, passo dopo passo, traghettato fuori dall'anticamera dell'inferno grazie a un'estate con Eva e i suoi. Una strana estate carica di imprevisti e domande, tante domande, e di un barlume.

M. non aveva ancora l'età di Dante quando il poeta s'immaginò ad attraversare l'inferno, nel 1300. Ne aveva 27, nell'estate del 2010. Il suo camminare in una valle oscura era però iniziato molto prima. Il padre era deceduto, nel 2002, quando lui era ancora un adolescente. Ed era un padre che forse ricorreva troppo spesso, per curare o lenire i malesseri del figlio, alla farmacologia. La madre, nel 2009, ha tentato il suicidio. M., che pure aveva un lavoro e non era indigente, era già afflitto, da qualche tempo, dai sintomi ciclici della depressione e si è ritrovato in un abisso. Lo descrive come un "loop" drammatico, una spirale senza uscita. È il traghetto infernale che lo porta ad essere ricoverato per sei mesi in una clinica psichiatrica. Ha ricevuto, nel gergo della burocrazia sanitaria, un TSO, la sigla allarmante che significa "trattamento sanitario obbligatorio". Alla fine di questa lunga galleria buia, l'aspetterebbe una casa solitaria, vuota. Il suo nucleo familiare s'è disgregato, fratello e sorella sono altrove. La madre è ricoverata. A cosa aggrapparsi per non ricadere nei grovigli della selva oscura?

Lo psichiatra che lo segue – chissà se per conoscenza personale o per suggerimento dei servizi sociali –

gli propone di andare in un nucleo familiare particolare. In quella congiuntura Eva ha solo 5 anni e tutta la famiglia abita nella nuova casa più spaziosa, ricavata da un vecchio garage. M. non sa nulla di loro e di cosa può attendersi, ma accetta la strana proposta pur di tentare di porre fine al suo calvario e uscire dal regime psichiatrico in cui ha passato la metà di un anno. Non ricorda, nelle sue condizioni, la data esatta; rammenta che si era tra la fine del mese di maggio e gli inizi del mese di giugno.

Non c'è un piano pedagogico particolare, per lui. Le attività non sono pianificate, non ha ordini di servizio. Si chiede stranito "cosa ci faccio qui?". Vive i primi tempi tra il letto e il tavolo dove si mangia. Non dà peso più di tanto alla vicenda di Eva. I depressi – è lui stesso ad ammetterlo – solitamente vedono solo sé stessi, avvertono il proprio malessere e non quello degli altri. Solo nel tempo intuisce quanta forza prendano questi ospiti inaspettati proprio da quella ragazzina malata. All'inizio dorme molto, si alza tardi, scruta perplesso questa famiglia indaffarata con ben 8 figli, prende lentamente coscienza della presenza di Eva e di cosa comporti per tutti loro. In definitiva, in casa Lappi, non c'è niente di più che una semplice e schietta accoglienza, paziente e senza pretese. Le speranze per lui, non calcolate, sono affidate a una osmosi umana, a un paragone tra la sua vita angosciata e la serenità che intravede tra quelle mura, pur nelle difficoltà e nelle fatiche che non mancano, come quando devono correre per salvare Eva o farla portare d'urgenza a un pronto soccorso.

Vede inevitabilmente, incuriosito, la fede che vivono, di cui respirano – e che lui descrive come "disarmante" – scandita da gesti quotidiani. Anche a lui, come a tutti, non è imposto alcun obbligo rituale. Del resto, ha perso da tempo amici di parrocchia e le tracce residue di educazione cattolica. E si fa domande. Molte e acuminate. Alcune sono dettate a volte dalla rabbia.

«Come fanno, loro, a farcela? Perché non posso farcela io?».

Quando tutto sembra crollare, la prima reazione istintiva di M. è la chiusura. In Roberto e Claudia, nei momenti più drammatici, prevale sempre "l'apertura". Qual è il segreto?

Piano piano, M. comincia a dare una mano in casa, per sistemare o fare la spesa, accudire in qualcosa. Inizia a capire cosa significhi per loro Eva, riesce a dare una mano per fare i compiti a qualcuno della giovane ciurma. Poche e piccole cose, che però danno significato al suo essere in quella compagnia tanto inusuale. Non è più lì come degente e probabilmente per i Lappi non è mai stato tale. Nel giro di un mese e mezzo è diventato uno di loro. Durante questa strana e imprevedibile estate, ottiene di fare una vacanza, cosa che sarebbe stata impossibile se fosse rimasto nella degenza obbligatoria.

Roberto non ha esperienza di cosa possa essere una depressione e M. ammette che è quasi impossibile farne capire il travaglio, che devasta l'animo, a chi non l'abbia provata in prima persona. Però Roberto intravede ora in lui, e glielo dice, dei punti di forza dai quali ripartire per riprendere a vivere. È il messaggio di cui ha bisogno, perché – alla fine di quell'estate – M. sa che deve scegliere, anche se gli chiedono se vuole restare ancora con loro e con Eva. Prima o poi dovrà tornare a casa. Ha pur sempre un lavoro, deve affrontare la realtà. La sua può essere descritta come una ripresa.

Non cessa però il legame con Roberto, Eva e la sua famiglia. Ci torna spesso, in certi periodi quasi ogni settimana. Ci porta degli amici. Continua a interrogarsi sul segreto del loro credo, medita sull'importanza che ha lo scandire quotidiano, costante, di una regola di preghiera. La fede e la condivisione sono il motore di questa ascesi giornaliera. La presenza di Eva alimenta questa costanza. Lo ha capito poco alla volta, e prova a fissare in una sorta di formula quello che ha visto: "solitudine no, senso alla vita sì". Tenta anche di tradurla in alcuni principi giornalieri, indispensabili per restare vivi: avere una presenza di persone e situazioni che continuino a darti stimoli, e poi coltivare interessi validi, non meri espedienti per riempire un vuoto.

M. ha ora 38 anni, più di quelli che aveva Dante nella selva oscura. Avverte acutamente che la sua vita è stata segnata dalla mancanza di un padre. Non ha cessato di conoscere la propria fragilità e sa che, ciclicamente, il demone della depressione può tornare in agguato. Ciononostante, adesso può restituire, anzi condividere qualcosa della sua esperienza e convertire in una utilità umana la sua sofferenza e il suo cammino. La definisce una specie di catarsi. Liberazione o purificazione, traducono i dizionari.

Ha scelto di mettersi in part-time dal suo primo lavoro e ne ha avviato un secondo, particolare, anch'esso in part-time. Non è ancora riconosciuto dal sistema sanitario, in sigla è una attività da "Esp". Sta per "Esperti in supporto fra pari". Lui e altri, che hanno vissuto analoghi percorsi, sono stati chiamati a dare aiuto e accompagnamento a chi vive disagi sociali e psichici. Chi ha attraversato la selva oscura può segnalare l'uscita da essa a chi c'è ancora sprofondato dentro. Dall'antica chiusura istintiva, che era la sua prima reazione, è passato all'empatia. Quella che ha incontrato a casa di Eva.

Il bagaglio d'esperienza che M. ha da condividere è vasto. E profondo. Presto anche il burosauro sanitario che non sa tante volte a quale medicina votarsi di fronte ai casi umani più difficili, dovrà rendersene conto.

Il suono del silenzio

Sotto l'azzurro fitto
del cielo qualche uccello di mare se ne va;
né sosta mai: ché tutte le immagini portano scritto:
«più in là»!

(Eugenio Montale, *Maestrale*)

Fabio fa parte degli amici intimi di Eva. Ha percorso un lungo viaggio per incontrarla. Oggi è convinto che sia lei ad aver incontrato lui. Aveva anche lui, come Dante, la sua Beatrice, su questa terra. Lungo sentieri impervi o apparentemente indecifrabili ha seguito gli indizi della vita, quando non c'era più fisicamente Beatrice ad accompagnarlo.

Se gli chiederete di parlarvi di Eva vi intratterrà a lungo, con entusiasmo. La loro è una relazione speciale.

Fabio ha cercato a lungo il senso della vita, pur grato di quanto avuto dalla vita stessa e pur essendo pronto, senza doverismo, a ridare quanto ricevuto ad altri. Ma è Eva – «questa bimba che non parla», ripete spesso – a spalancargli un oltre nella vita, anzi una profondità in sé stesso, che ignorava. «Ero prigioniero di schemi e di dottrine, c'è molto di più nella vita oltre i cinque sensi. Noi usiamo solo una piccola percentuale delle nostre facoltà, l'8 per cento. L'ho capito grazie a Eva. Non subito però, ho dovuto fare un lavoro, soprattutto su me stesso», prova a spiegarsi con serena semplicità e uno sguardo penetrante, sincero.

In questo svelare le proprie convinzioni più profonde, Fabio non teme «di apparire quasi come un Ufo». Attinge anche dalla fisica quantistica e ai "buchi neri" per dire che c'è molto di più di quello che vediamo e tocchiamo nelle nostre vite e nell'intero universo. S'è trovato a parlarne, talvolta, con Claudia, la madre di Eva, che per l'appunto è una dottoressa in fisica.

E tutto questo andare oltre è dovuto a questa ragazzina immobile, permanentemente allettata o in carrozzina.

«Eva è una radio che trasmette h24 il suono del silenzio», afferma Fabio con convinzione. «Bisogna però sintonizzarsi con le sue vibrazioni».

E cosa c'è in questo suono del silenzio? Che esercizio umano e inusuale è ascoltare chi apparentemente non parla? Fabio s'è trovato agli inizi degli anni Novanta a un bivio drammatico. La donna che era il centro della sua vita affettiva, Beatrice, gli è stata strappata da un tumore malvagio. Aveva solo 34 anni. Fabio poteva passare il suo tempo ad arrabbiarsi con Dio che l'aveva privato del suo amore. Non è stato così, non ha speso i suoi anni maturi a inveire contro la sorte.

Le domande passate e presenti si affollano nel dialogo serrato con Fabio: perché è stata portata via dal destino una donna e moglie di 34 anni? Perché è toccato quello che è toccato a questa bambina? Perché Dio si prende i piccoli?

Lui queste domande radicali le ha fatte diventare oggetto di una ricerca incessante, vitale, per capire quale sia il combustibile stesso dell'universo che si espande. Ha incontrato sacerdoti, è stato da un santone in India, ha compiuto un pellegrinaggio a Medjugorje. Ma il porto più sicuro che ha trovato è sulla navicella di Eva, che l'ha messo in connessione con il tutto.

Nel suo dialogo con Eva è arrivato a un'altra parola misteriosa ma ricorrente, nel suo racconto: miracolo. Il sorriso che gli regala Eva è una benedizione, una comunicazione fuori dagli schemi. Oltre i sensi usuali, insiste.

Da quando Fabio ha incontrato Eva, è cambiata anche la natura dell'associazione che aveva iniziato più di due decenni fa. Con la moglie che ora è al suo fianco, Silvia, e poi con diversi altri amici, Fabio aveva dato vita, dal 1998, all'associazione "Amici di Beatrice". È una Onlus, un'organizzazione non lucrativa, che vuole aiutare chi è in difficoltà, soprattutto bambini. Assieme, Fabio e Silvia, l'hanno pensata, voluta e fatta nascere proprio in concomitanza con il loro matrimonio, anche per ricordare Beatrice, che "ha lasciato in eredità" scrive Fabio, nel sito dell'associazione, "uno spirito generoso e attento al prossimo, motore del mio futuro e di tutti coloro che la hanno conosciuta ed amata".

Come slogan hanno scelto un'indicazione di padre Marella, che Beatrice aveva fatto sua: "Il bene bisogna farlo finché si è in vita... la vera ricchezza è lasciare il bene fatto".

Seguendo questo "input" e volendo insieme onorare il legame con il beato bolognese che ha dedicato la sua vita agli ultimi, gli Amici di Beatrice, da anni, aiutano bambini e realtà che a loro si dedicano. In questo cammino arrivano a Eva e alla sua famiglia numerosa, acquistando per loro beni di prima necessità.

Lunga è la lista del bene che l'opera ha saputo realizzare, giungendo anche in Africa. Ma a Fabio preme raccontare di Eva. È grazie a lei che ora non è più solo "impegnato" nell'associazione, in un'opera di pietismo. "Io sono l'associazione", e lo dice senza alcuna presunzione, pensando a Madre Teresa di Calcutta, che si è spogliata di tutto.

L'incontro tra gli Amici di Beatrice ed Eva, quando lei ha 6/7 anni, avviene grazie alla semplice segnalazione di un ragazzo di parrocchia. È iniziato così un cammino di aiuto e amicizia. E di scoperta. L'importante, per Fabio, è non ridurre e non strumentalizzare quello che ha intuito tramite il silenzio di questa bambina. Non serve razionalizzare quest'incontro, usando una ragione ridotta, anchilosata.

«La razionalità di Dio è più grande della nostra e dei nostri dogmi», ripete pacato ma ostinato.

E Fabio narra di averlo imparato da una ragazzina che gli rammenta costantemente: «io non sto facendo nulla», mentre – ascoltandola pazientemente nel presente, nell'oggi, col suo tempo "diverso" – gli spalanca un "oltre". Un "*quid* che è più grande di noi". Il miracolo è aver scoperto una grandezza inimmaginabile e, allo stesso tempo, aver trovato sé stessi, scoprirsi capaci, ognuno di noi, di cose grandi. Di miracoli.

Eva, Fabio e altri oggi sono un'apertura, un ascolto, un invito ad andare oltre l'ovvio. Sono una preghiera. Documentano, con tutto quello che sanno dire e condividere, anche nel silenzio, quanto il poeta intravide: "... tutte le immagini portano scritto: «più in là»".

Eva è un miracolo, scrive rapida sul telefonino la sorella maggiore di Eva, Caterina. Una perla preziosa, suggerisce il padre, Roberto, anche lui tramite un pensoso messaggio.

I comandamenti di Eva

Il mondo è davvero pieno di pericoli,
e vi sono molti posti oscuri;
ma si trovano ancora delle cose belle e,
nonostante l'amore sia ovunque
mescolato al dolore, esso cresce forse più forte.

(J.R.R. Tolkien, *Il signore degli anelli*)

Circola buona filosofia dalle parti di Eva. Non ci si crederebbe. E a suo padre Roberto probabilmente piacerebbe di più che si parlasse di fede e di preghiera. Il volto di Eva può sembrare muto. E per alcuni un viso che non sa parlare può essere l'indizio di un mondo – di un "essere", dicono i pensanti e barbosi filosofi – o di un Dio che non sa comunicare con noi.

Se un volto non dice nulla, la vita ha senso? Il viso di Eva e tutti i nostri volti parlano o tacciono? C'è chi va dicendo da tempo che non sappiamo più chi siamo e non capiamo chi gli altri siano, anche se rumoreggiano, urlano, ammiccano, cantano, sospirano, piangono. Pirandello, già cent'anni fa, ci diceva che siamo "uno, nessuno, centomila". Siamo un puzzle irricomponibile, o un vuoto indecifrabile. Non ci si raccapezza più con noi stessi e con gli altri che abbiamo accanto. Ma se non ci parla il volto di Eva, nemmeno le nostre facce dicono qualcosa, anche se disponiamo di quella parola che sembra mancare a Eva.

C'è un filosofo francese, di origine ebraica, che ha provato, decenni fa, a dire quel che Eva ci suggerisce con il suo semplice volto, da oltre 18 anni, se non sfuggiamo al suo sguardo interiore. Chi conoscesse anche solo vagamente Emmanuel Lévinas si ritroverebbe inevitabilmente a fare un nesso con questa ragazzina, quasi involontario, eppure rivelatore. Lévinas – che ha attraversato il XX secolo, accompagnandoci su questa terra fino al 1995 – andava spiegandoci che il volto dell'altro, per quanto possa essere indecifrabile, immobile o lontano, parla, sempre. Emette anche senza suoni un comandamento fondamentale, il più decisivo tra gli umani che vogliano essere tali: "non uccidere, non uccidermi". E da questo comandamento, che promana dalla faccia del nostro prossimo – qualunque esso sia, in qualunque modo entri nel raggio del nostro sguardo – ne deriva immediatamente un altro, inevitabile e imprescindibile: "non lasciarmi morire solo". Il volto dell'altro è la voce della vita, è il messaggio che ci arriva dalle profondità dell'Essere. Per chi crede, dal cuore di Dio stesso. Non uccidere. Non abbandonarmi, non lasciarmi nella solitudine.

Eva – subito, dal suo primo debole vagito, anzi, dal suo primo pulsare nel grembo di Claudia – ci sta rammentando ogni giorno con la sua esistenza questi due comandamenti umani che il mondo va troppo spesso dimenticando: non uccidermi, non lasciarmi morire sola. La vita, quando parla – attraverso la faccia di Eva e di miliardi di altre Eva – si appella sempre alla nostra libertà e alla nostra responsabilità. "Non cancellarmi, non distogliere il tuo sguardo, non dimenticarmi, non lasciarmi finire nel nulla".

Eva – la sua faccia, la sua piccola fragile presenza – ha molto altro da insegnarci. E i suoi comandamenti, in definitiva, non sono ordini, imposizioni, decreti. Sono docili e saldi suggerimenti, sono messaggi amorosi. Ci sta così comunicando un terzo comandamento: "sii paziente con i tuoi limiti, con il tuo incespicare, con i tuoi avvilimenti, con le tue paure, con la tua fragilità. Impara dalla mia fragilità", sta suggerendoci dal suo lettino, che è insieme una culla e una croce.

A ben vedere la sua stessa famiglia, che non l'ha lasciata sola, sta dicendo la stessa cosa. Nonostante prove e calvari, sicuramente anche ingiustizie subite, sembrano tutti e dieci dirci, fin dalla prima accoglienza informale di un qualsiasi ospite, "sii paziente con i tuoi limiti. Non scoraggiarti, non dubitare della possibilità di ricominciare e di essere accolto. Non avere paura del perdono".

C'è un quarto comandamento, non scritto nelle tavole di pietra o in qualche pio manuale ma condiviso attraverso la pratica vita quotidiana: "sii paziente con gli altri, con gli altrui tradimenti, con le cadute dei prossimi, con le loro insistite domande, con i loro bisogni invasivi, con i loro dubbi". Un cuore impetuoso e ardente, ostile alle ingiustizie, potrebbe faticare a seguire questa indicazione. Serve molto esercizio, direbbero in tanti, per reggere l'umanità che ci sta attorno.

Eppure è semplicemente speculare – ce lo fa intravedere Eva – all'infinita pazienza, meglio dire amore, che dobbiamo a noi stessi e alla nostra strutturale fragilità. E perciò, parimenti, al nostro "prossimo": ama il prossimo tuo come te stesso. Devi amare te stesso per amare l'altro. Ma se ami solo te stesso, in realtà non ami che una caricatura. A casa Lappi questa sembra una regola di vita basilare. Se in qualcosa la pandemia li ha disturbati, è nella limitazione che gli ha imposto nell'accogliere "i prossimi", i bisognosi che il destino mette sulla loro strada, nei modi più impensabili. Hanno bisogno di "prossimità", gli amici di Eva, cercano relazioni, chiedono aiuto reciproco. Vivono fratellanza.

È difficile dire se il quinto comandamento di Eva, o come lo si voglia definire, sia nell'ordine esatto che lei gradirebbe. Tuttavia suona così: "ricordati che non sei il padrone della tua vita". Guarda me – ci racconta – che ho bisogno di tutto, di essere accudita in qualsiasi dettaglio vitale. Sono impotente, non sono padrona di nulla. Nemmeno del respiro che mi fa vivere. Eppure sono amata. Eppure collaboro alla vita. Faccio parte anche io della comunità umana con il mio contributo fondamentale.

Eva porta all'estremo la nostra condizione di esseri umani. Per quanto ci crediamo possessori di quello che abbiamo, convinti che la nostra volontà possa fare e disfare, cambiare gli eventi, aggiustare le cose rotte e le ingiustizie, non siamo padroni di nulla. Senza forzature, senza imbarazzi e senza essere invasivi con chi ospitano – e senza alcuna imposizione per gli stessi membri della famiglia – i Lappi hanno tradotto questo comandamento pregando fedelmente il Padrone della Vita, che per loro ha un nome. Forse preferiscono chiamarlo Padre, a tavola, prima di condividere i pasti, nei loro gesti quotidiani o nella predilezione che hanno nel vivere la domenica, con un gesto liturgico particolare, permesso anche dall'arcivescovo di Bologna.

Tutto ciò è possibile perché c'è un sesto comandamento – forse il più clamoroso e incredibile in un mondo corroso dall'odio e dalla cattiveria – che ci arriva da questa ragazzina immobile: "rammenta sempre, anche nel buio più profondo" così recita il messaggio, "che la vita è buona, la vita è positività, la vita ha un senso, la vita è un abbraccio. Nonostante tutto quello che sembra contestarlo, nonostante la croce, c'è un fine ultimo, una promessa mantenuta".

Quella promessa che per Pavese era una drammatica domanda senza risposta: "Qualcuno ci ha mai promesso qualcosa? E allora perché attendiamo?". Addirittura – ce lo racconta Eva, immobilizzata tra cento presidi sanitari, dov'è, insieme, crocifissa e salvata – c'è già un centuplo quaggiù.

Lo scettico permanente dubiterà o si ritrarrà infastidito. Come può dire questo un esserino sofferente, perennemente a rischio di morire, totalmente dipendente da altri e dalle macchine? Ciononostante Eva, in definitiva la vita stessa di cui lei è portavoce, non si fa turbare dallo scettico e incalza. Aggiunge che ci sono molti indizi – Eva stessa è uno di questi, misterioso e potente – che la grande partita dell'esistenza non finisce con la morte. La stessa domanda apparentemente senza risposta di Pavese è una traccia. Resta il fatto che Eva, e tutta la storia che lei incarna, affida questo comandamento essenziale alla nostra libertà. A una scelta o, se preferiamo, a un rischio: fuggire dalla domanda che affliggeva Pavese o cercare e identificare chi è l'Autore della promessa che lo scrittore avvertiva intensamente senza capirne la fonte, per potergli parlare. Per chiedergli lumi e segnali in questo cammino terreno.

Ce ne sono altri di comandamenti vitali che Eva condivide? Sicuramente, ma sono oltre queste povere righe e vanno lasciati alla narrazione familiare, agli incontri che potrebbero accadere con Eva e la sua compagnia, tra i tanti amici che popolano il cammino della famiglia Lappi.

In definitiva alcune tracce d'inchiostro sono solo un'anticipazione, un tentativo e un abbrivio a qualcosa che è ben oltre le parole e la carta, come scrive saggiamente in un messaggino la solita, saggia sorella maggiore: "In ogni caso è già Eva in sé il grande miracolo, quello che di lei verrà scritto sarà sempre un umile tentativo umano".

Un messaggio in bottiglia

Non lasciarmi morire solo.

(Dai comandamenti di Eva)

Claudia e Roberto non avevano alcuna intenzione di ritrovarsi raccontati in qualche libro. Rifuggivano dall'idea. Gli pareva che potesse apparire una sorta di esibizionismo, di vanagloria. Sono fatti così, sono lontani anni luce da *influencer* o da *grandi fratelli*. Hanno la loro casa e la loro grande brigata da accudire. Basta e avanza, si può legittimamente pensare, e parla già da sola, questa dimora: accoglie generosamente, arriva a chi può, trasmette un buon contagio tra esseri umani. Ragion per cui essi hanno resistito a lungo alle ripetute insistenze di leali e pazienti amici, come

Fabio Gentile o Gianluigi Poggi, che volevano raccontarli. E raccontare, soprattutto, di Eva. Imbarazzati all'ipotesi di un testo su di loro, Claudia e Roberto devono aver pensato che non avevano facili ricette da divulgare. Non hanno il manuale con le istruzioni per gestire la sventura. Non possiedono la ricetta miracolosa che guarisce qualsiasi male, non dispongono di particolari cure palliative. Sanno altrettanto bene che la strada è lunga, il cammino resta aspro. Non è affatto terminato.

Ancora adesso, nel mezzo delle onde ricorrenti della strana pandemia che ci assedia dal 2020, a cena – attorno alla loro rumorosa e accogliente tavolata – ricordano le loro perplessità a cedere all'invito amicale. Qualcosa però alla fine ha fatto breccia tra le loro resistenze. Lo accenna, con semplicità, Claudia dopo aver condiviso le foto di Eva piccina o quelle del grande garage malconcio che è diventato, una volta ristrutturato e non senza sacrifici, la loro attuale abitazione.

Quando arriva un bambino disabile in una famiglia, può realmente gettarti nella disperazione. Il buio assedia, la fatica incalza e avvilisce. Non sai come fare, la vita è sconvolta, resa via via più difficile dal progredire della possibile gravità di quanto è toccato in sorte. Eva è stata a lungo un mistero sanitario indecifrabile. Per lei hanno tentato operazioni, sono stati in vari ospedali, hanno respirato l'aria cupa di certi reparti, così come l'umanità di altri. Il futuro è rimasto un'incognita.

Quante altre Eva ci sono in giro, nascoste? Quante famiglie lottano quotidianamente per non affondare?

Sono queste domande che hanno convinto Claudia e Roberto a condividere, tramite un piccolo racconto, qualcosa della loro vicenda. Forse – si sono detti, assieme alla loro vivace comunità domestica – anche questo può aiutare qualcuno che cerca aiuto. Come l'ex garage ristrutturato è diventato, senza programmi, un piccolo approdo umano sia per i suoi abitanti che per viandanti bisognosi, qualche riga condivisa può anch'essa diventare un "messaggio in bottiglia", affidato alla sorte per raggiungere altri in cerca di sostegno e di speranza. Questo è il pensiero che gli ha fatto superare l'iniziale ritrosia a lasciarsi raccontare.

Conoscono qual è il nemico da sconfiggere, pur non potendo vincere la malattia. È un nemico insidioso che avanza nelle nostre città, è sempre più diffuso e incentiva la disperazione. Ed è il ritrovarsi soli di fronte a una montagna di bisogno o di dolore che è apparentemente impossibile da scalare. La solitudine è il nemico da abbattere.

Non lasciarmi morire sola, dice Eva dal suo lettino. Non lasciamoci soli, dicono i Lappi.

Claudia e Roberto, tra le innumerevoli grazie di cui si sentono debitori, contano amicizie, aiuti inaspettati, financo un po' di collaborazione operativa, che invece a volte è reticente e non facile, di pubbliche istituzioni. Elencare gli amici di Eva sarebbe lungo e potrebbe far dimenticare ingiustamente qualcuno.

E non va nascosto, per lealtà narrativa, quello che si incontra nell'ex garage di Casalecchio di Reno: questa lieta brigata non ha abbandonato, pur nelle prove più dure, quell'ancoraggio che tanti hanno invece dimenticato o cancellato, la speranza cristiana di una resurrezione. Per tutti. È questa, per loro, la grande risposta alla domanda drammatica sul perché del male e della sofferenza.

Roberto arriva a parlare di espiazione, per spiegare la sua intensa partecipazione al cammino doloroso di Eva e il senso che ne ha percepito. Ci tiene a questa parola difficile. Ascoltandolo, si resta per un lungo attimo impacciati. Qualcuno, mentre se ne parla attorno al tavolo di casa, suggerisce di evitarla. I contemporanei non la possono capire. È affare per teologi. Ma lui – se abbiamo compreso – non sta parlando di flagellazione, di tristezza dolente e compiaciuta e di infliggersi colpe. Non sta offrendo argomenti alla psicologia che vuole liberarci dalle oppressioni inconsce. Roberto l'associa infatti all'altra parola che usa più di frequente: dono. Eva è un cuore innocente, lo sa lui e lo sanno tutti. Roberto intende dirci – se abbiamo capito la sua profondità – che Eva, e la famiglia con lei, partecipa alla croce e alla resurrezione. A quella grande espiazione e speranza, carica di misericordia, che ha diviso la storia in un prima e in un poi. Anche lei, senza colpe, imprigionata, è lì nel suo giaciglio, immolata, perché, attraverso la sua immobilità, noi rammentiamo il dono di poterci alzare ogni mattina. Perché, attraverso il suo impedimento alla parola e al movimento, noi si possa domandare, cantare, pregare e ridere con lei e per lei. E amare chi ci è vicino. Se una colpa da espiare abbiamo, è certamente quella della distrazione, dell'indifferenza, della non speranza, del non vedere i doni e le bellezze che il Destino ha disseminato nel mondo.

Eva fa parte di questi.

La bellezza e la pupilla

Solo lo stupore conosce.

(Gregorio di Nissa)

«Ma è bella?».

È la domanda forse più imprevista che potesse saltar fuori in una riunione di docenti di liceo, quattro anni fa, prima che la pandemia ci assediasse. In quell'incontro si affidava a una docente di sostegno – Manuela, appassionata e studiosa di arte, perciò di bellezza – il compito di accompagnare Eva nel suo cammino scolastico. La sesta figlia dei Lappi va a scuola, anche se potrebbe apparire a molti inverosimile, nelle sue condizioni. Sul finire di quel momento di lavoro, all'insegnante incaricata venne fuori spontaneamente quel quesito che a lei stessa suonava, e ancora oggi suona, bizzarro. E apparentemente inopportuno. In quel frangente, Manuela non conosceva Eva. Eppure, questa sua istintiva domanda racchiude il segreto della nostra storia.

«Ma è bella?».

Eva va al liceo. Il Leonardo Da Vinci, con la sua sede a Casalecchio di Reno. La sorella maggiore, Caterina, l'ha preceduta in questa scuola. Così anche Maddalena, la terza figlia dei Lappi. E ora Davide, il penultimo della nidiata. Cate rammenta, un po' ironica, che è considerato il liceo di provincia, più ruspante, più amichevole, meno snob dei più ricercati licei felsinei, nel capoluogo. Ci ha speso gli anni esaltanti della sua adolescenza. Eva lo frequenta a distanza. Vincolata com'è al suo lettino spaziale. È un suo diritto e un suo dovere andare a scuola. La sua è però un'avventura molto particolare. Così come è molto particolare il suo strumento tecnologico di comunicazione e il suo sguardo, la sua pupilla. Già, perché lei ha un suo punto di osservazione sul mondo. E su di noi. È una finestra grande, misteriosa, ci si può specchiare dentro.

Le istituzioni scolastiche, a suo tempo nell'età della primaria, stavano per rampognare formalmente la famiglia, senza sapere nulla delle condizioni particolari di Eva e del suo miracolo di sopravvivenza. La legge è la legge. E mandarono delle missive ufficiali. Dov'è la bambina? Perché non è a scuola? Non ci fu bisogno di alcun contenzioso. I suoi genitori non desideravano altro. Era giusto che Eva potesse andare a scuola. Accompagnata, con insegnanti di sostegno. L'impresa impossibile. Eppure...

La figlia di Roberto e Claudia, mentre è appesa a un sottile filo di vita, sta percorrendo la sua strada educativa. Difficile, impegnativa, inutile nasconderlo. Ha attraversato la scuola primaria e la scuola secondaria di primo grado per approdare, adesso in piena pandemia, al liceo delle scienze umane. I vari insegnanti di sostegno che l'hanno seguita, durante la primaria e la secondaria, sono venuti a casa sua, per assisterla, per interagire con lei, per aiutarla a crescere. Ora al liceo, in un qualche modo, le chiedono impegno e rigore, proporzionato alle sue condizioni. Per questo l'hanno perfino bocciata. Sì, deve rifare la seconda liceo. È il segnale di quanto sia stata presa sul serio la sua vicenda. Non si tratta solo di benevolenza, di carità, di condiscendenza umana. Per lei ogni anno viene elaborato un PEI, che sta per Piano Educativo Individualizzato. A Roberto, il padre, è capitato di intervenire, con il suo stile mordente, in qualche riunione scolastica tra famiglie e insegnanti, per motivare le condizioni e i bisogni particolari di Eva.

Manuela, che sempre aspira a insegnare arte, ma è soprattutto un'entusiasta insegnante di sostegno specializzata, le fa alcune ore di lezione, un paio di volte a settimana. La sua passione è palpabile. Ed è forse per questo che è ora incaricata di formare altri insegnanti non specializzati, che abbiano in classe allievi portatori di handicap. La parola chiave in questi percorsi è "inclusione". Nessuno dev'essere escluso, tagliato fuori a priori, emarginato o ignorato. È la sfida per i nostri tempi solitari, ostili al diverso e chiusi. Lei, Manuela, ha oramai molta esperienza nel suo bagaglio. Non ha solo Eva da accompagnare.

Perché la lezione in casa Lappi riesca, bisogna che i genitori stiano alla larga. Eva si distrae con loro, si mette a sorridere, a cercarli con lo sguardo, non obbedisce all'insegnante. Manuela, quando arriva armata di tutto punto con zaino e attrezzature, le piazza davanti un computer e connette vari aggeggi tecnologici, su un tavolino apposito, che s'incastra sulla sua poltrona. Il più importante è il "braccio con sensore facciale". Eva guarda il computer con i suoi grandi occhi e interagisce, quando riesce, con una leggera pressione sul sensore, appoggiato alla sua tempia destra, per confermare quello che sta vedendo. Giochi visivi, disegni particolari, effetti interattivi.

Ride e s'entusiasma per i Teletubbies, la serie televisiva creata anni fa dalla BBC. Manuela tende ad usarli come premio. Glieli mostra se si è dimostrata brava e collaborativa nelle varie prove. Le legge anche dei racconti.

Capita allora di sentire talvolta la prof entusiasmarsi, quando Eva reagisce a tempo e a tono, mandando il suo impulso. Le parla, la loda, la rimbrotta, l'incalza. Durante una lezione, Eva sembrava non inviare il suo "clic", il suo segnale interattivo. L'insegnante stava per spazientirsi con lei, quando si è avveduta che il cavetto di collegamento del "braccio" con il sensore non era correttamente inserito nel computer. Un dispiacere improvviso. Pareva quasi che Manuela avesse perso un preziosissimo messaggio. Ma presto è tornata alla carica, senza arrendersi.

L'impresa di Eva può apparire più ardua che andare su Marte. Ma in qualche modo riesce. Se ce la fa lei, a scalare la sua impervia montagna, anche noi andremo sulle stelle. Quest'opera educativa con Eva, sconosciuta ai più, fa parte di quei tanti impegni più umani e straordinari, spesso ignoti, che accadono costantemente nella nostra scuola afflitta da mille penurie e accerchiata da estenuanti critiche. Nell'entusiasmo di Manuela – che è anche madre oltre che insegnante – c'è qualcosa che spiega cosa può essere la bellezza. Qualcosa che accade, in quell'angolo di mondo o in qualsiasi altro posto imprevisto, che abbaglia e avvince il nostro cuore e non può non stupirci.

I compagni di classe sanno di avere una particolare compagna di viaggio. Non ce l'hanno materialmente vicina di banco. Tuttavia, su suggerimento dell'insegnante d'italiano e di Manuela, si sono messi ad elaborare dei video e parlano con Eva. Si raccontano. Gli insegnanti l'hanno formalizzato come "Progetto videoclips per Eva" e Manuela impone scadenze agli allievi perché siano realizzati. Sono *millennials* e usano con destrezza gli strumenti e le varie piattaforme digitali in circolazione. Cosa meno facile per gli insegnanti non digitali. A Eva, tramite il computer allestito dall'insegnante, i compagni mostrano le proprie imprese sportive, descrivono la propria vita e le proprie difficoltà o condividono musica. Le hanno anche fatto un video collettivo con auguri natalizi.

Accade in tal modo ogni tanto, mentre c'è la lezione a casa Lappi, di sentire un pezzo di Beethoven che riecheggia come colonna sonora da una palestra di ginnastica, oppure qualche recente successo musicale. Ed Eva guarda, ascolta e sorride, quando le sue sofferenze e il suo perenne calvario glielo consentono. C'è anche chi non è espansivo e comunicativo di suo, in classe, ma si racconta a Eva tramite questi messaggi. E assicura di poterle raccontare anche più cose di sé. In qualche modo vien da pensare che avere una compagna di classe tanto particolare abbia una funzione educativa e quasi terapeutica per alcuni. Anche questa è bellezza. Trattenete la bellezza, diceva un antico predicatore. *To kalòn*, in greco antico: il bello. Per quegli antichi, equivale anche a "buono", a una bellezza umana e morale.

I compagni di classe incontreranno fisicamente Eva, prima o poi, quando l'epidemia passerà. Roberto, il padre, da tempo insiste perché accada questo incontro. Lui non teme l'effetto che incontrare sua figlia può suscitare. Eva ha già cambiato la vita di molti ospiti oltre a quella della sua famiglia. Ma è giusta una certa gradualità, un cammino. Manuela ha mostrato ai colleghi insegnanti e agli allievi, tramite il cellulare, il volto di questa ragazzina. Quando si potranno incontrare faccia a faccia vedremo se l'improbabile domanda di Manuela – «Ma è bella?» – troverà un'inusuale risposta affermativa nel cuore di questi ragazzi e di queste ragazze, bombardati e assillati da ben altra idea di bellezza.

Perché accada qualcosa, bisogna provare a riflettersi nella pupilla di Eva, la sua finestra sulla vita. Un genetista famoso, Jérôme Lejeune, s'era appassionato alla parola pupilla. Diceva che era nata dal guardarsi negli occhi tra innamorati. La parola "pupilla", deriva dal latino, significa "ragazzina". Nell'occhio dell'innamorato o dell'innamorata, in quella piccola misteriosa fessura, vediamo riflessi noi stessi. Pare che quasi tutte le lingue del mondo racchiudano questo segreto. In inglese come in francese, la chiamano *pupil,* sempre derivata dal latino *pupilla,* ragazzina. In greco si usa *corea*: ragazzina. Gli spagnoli dicono *la niña del ojo,* la ragazzina dentro l'occhio. In arabo, *insan el ein,* significa "un piccolo essere dentro l'occhio". In iraniano c'è la parola *mardomok,* "la piccolina". In giapponese pare significhi analogamente "il piccolo dell'uomo". Probabilmente ha ragione quel genetista: non è un caso questa convergenza di significati. C'è una piccola Eva riflessa in ogni pupilla.

Attraverso il suo cerchio dentro l'iride, che faticosamente ci guarda e guarda lo schermo del computer di Manuela, ci siamo anche noi. Possiamo rifletterci dentro. La scuola di Eva è la nostra scuola, mentre osserviamo il mondo attraverso la nostra piccola finestra in cerca del bello, per superare le prove, i fallimenti, il dolore. Eva non sa dirci a parole, oggi, cosa vede attraverso la sua pupilla. Ma osserva e reagisce. Lo sa bene Manuela, la sua insegnante. Lo sanno i fratelli e le sorelle. Lo sanno Claudia e Roberto.

Sanno che basta un semplice piccolo clic, un impulso modesto, per stupirci e accorgerci che Eva c'è ed è misteriosamente bella e meritevole di amore.

Eva e Françoise

Forse che il fine della vita è vivere?
Non vivere, ma morire, e non
digrossar la croce, ma salirvi e dare
in letizia quel che abbiamo.
Qui sta la gioia, la libertà, la grazia,
la giovinezza eterna.

(Paul Claudel, *L'annuncio a Maria*)

Quando Claudia e Roberto raccontano di come Eva è entrata nelle loro vite, si capisce rapidamente che hanno dovuto lottare contro la fatica, il dolore, la tentazione della disperazione, l'avvilimento per una prova che pareva superare le loro forze. Hanno ben conosciuto le rigidezze della burocrazia, le approssimazioni della scienza medica o i limiti dell'assistenza umana. E parimenti si vede, con umana simpatia, che non si sono iscritti tra i molti seguaci della psicologia della sventura. Allo stesso tempo, non esibiscono alcuna forma di eroismo e non usano Eva come un'armatura o un trofeo di resistenza umana. Nemmeno pretendono trattamenti privilegiati in ragione della croce ricevuta, semplicemente perché non la vivono come una croce.

Entrambi paiono non aver mai cessato, nonostante tempeste, fatiche e prove, di essere grati di quello che la vita ha loro donato. Restano umilmente aggrappati alla fede che vivono, non rivendicano giustizia e riparazioni contro la sorte avversa.

Nella storia umana, non solo tra cristiani, nei nostri stessi giorni, tantissime altre famiglie sono state e sono certamente capaci di abbracciare la vita così com'è, nella gioia e nel dolore, nella salute e nella malattia. Talvolta però alcuni spiriti più acuti di altri hanno saputo dare voce a tutti costoro. A volte con la poesia, altre volte con la musica o le parole. E troveremmo portavoce delle nostre condizioni umane, e quindi di Eva, anche tra pittori e scultori.

È così che imbattendosi in Eva, attorno alla rustica tavola imbandita dalla sua famiglia, torna alla mente Françoise. E suo padre, che ci ha lasciati prematuramente, a soli 45 anni. Nonostante ci separino 70 anni da quella bambina francese e dalla sua famiglia, lo spirito di Françoise – e l'acuta intelligenza umana e cristiana di Emmanuel Mounier – aleggia dalle parti di Eva.

La piccola Françoise Mounier all'età di due anni, agli inizi del 1940, entrò in uno stato di coma vegetativo per un'encefalite progressiva. Ci rimase per tutta la vita, fino alla fine, nel 1954, quattro anni dopo la morte di suo padre. I suoi genitori la mettevano sempre a capotavola, in una casa dove passavano grandi personaggi. Mounier fu amico e collaboratore, in molti casi anche guida, di straordinarie figure della Francia di quegli anni.

Tutti gli ospiti che venivano accolti, si ritrovavano davanti il mistero di questa figlia amata e muta. Le lettere sul dolore che Mounier ha scritto guardando Françoise, indirizzandole in molti casi all'adorata moglie Paulette, sono tra i vertici del pensiero umano. Possono essere, e certamente sono, un'àncora per chi non intraveda una luce nell'oscurità della sofferenza.

"Che senso avrebbe tutto ciò" scriveva Mounier nel marzo del 1940[1], "se la nostra bimba non fosse che un batuffolo di carne sprofondata non si sa dove, un frammento di esistenza senza senso e non già questa bianca, piccola ostia che tutti ci supera, un'immensità di mistero e d'amore che ci abbaglierebbe se si mostrasse ai nostri occhi? [...] Dal mattino alla sera, non pensiamo a questa sofferenza come a qualcosa

[1] E. Mounier, *Lettere sul dolore*, BUR, Milano 1995.

che ci viene tolto, ma come a qualcosa che doniamo, per non essere da meno di questo piccolo Cristo che è fra noi, per non lasciarlo solo, lui che deve attrarci, per non lasciarlo solo a soffrire con Cristo".

E ancora, nel suo epistolario: "Ho avuto la sensazione, avvicinandomi al suo piccolo letto senza voce, di avvicinarmi a un altare, a qualche luogo sacro dove Dio parlava attraverso un segno. Ho avvertito una tristezza che mi toccava profondamente, ma leggera e come trasfigurata. E intorno ad essa mi sono posto, non ho altra parola, in adorazione. Certamente non ho mai conosciuto così intensamente lo stato di preghiera come quando la mia mano parlava a quella fronte che non rispondeva, come quando i miei occhi hanno osato rivolgersi a quello sguardo assente, che volgeva lontano, lontano dietro di me, una specie di cenno simile allo sguardo, che vedeva meglio di uno sguardo. Se è vero che ogni autentica preghiera si fonda sulla morte delle potenze, sensibili, intellettuali, volontarie, se la sottile punta dell'anima di un bambino battezzato, come ha scritto non so più quale grande autore spirituale, è messa immediatamente in contatto diretto con la vita divina, quali splendori si nascondono allora in questo piccolo essere che non sa dire nulla agli uomini? Per molti mesi, avevamo augurato a Françoise di morire, se doveva rimanere così com'era. Non è sentimentalismo borghese? Che significa per lei essere disgraziata? Chi può dire che essa lo sia? Chi sa se non ci è domandato di custodire e di adorare un'ostia in mezzo a noi, senza dimenticare la presenza divina sotto una povera materia cieca? Mia piccola Françoise, tu sei per me l'immagine della fede.

Quaggiù, la conosceremo in enigma e come in uno specchio".

Eva sorriderà, è quasi certo, di fronte a questo paragone tanto profondo ed elevato. Sarebbe bello poter discutere con lei di Mounier, di sua figlia e di tutte le vicende umane. Dirà che stiamo esagerando, che lei parla in modo più semplice. Aggiungerà che ha avuto più fortuna, tutto sommato, di Françoise, perché non ha dovuto attraversare una guerra tragica, con il padre incarcerato in quanto nemico del totalitarismo, perdendolo poi ancora troppo giovane. Eva ci rammenterà, senza maledire alcuna sorte, che s'è trovata, nel terzo millennio, circondata a lungo, già da 18 anni, da una famiglia straripante di calore umano. Col sorriso umile e magnanimo, faranno analoghe considerazioni i suoi genitori e tutto l'equipaggio della barca dei Lappi.

In realtà Eva sorride perché sa già che un giorno correrà libera, piena di vita, ridendo e cantando, insieme a Françoise.

Chi ci impedisce di amare?

di Roberto e Claudia,
sposi nel Signore

Nel 1994 alcuni nostri amici più grandi intraprendevano un cammino di vita insieme, decidendosi per una convivenza. Così anche noi, ma sedotti dalla potenza misteriosissima e incomprensibile del versetto tratto dal libro Vangelo di Marco: "L'uomo lascerà suo padre e sua madre e si unirà a sua moglie e i due diventeranno una carne sola. Così non sono più due, ma una sola carne". Pur essendo in due, ci pareva che questo concetto ci trasformasse in una unica cosa, come l'acqua mescolata al vino genera una cosa sola e indivisibile.

A questo versetto si aggiungeva l'altro: "Non osi l'uomo separare ciò che Dio unisce". Insomma, ci pareva che il tutto fosse tenuto insieme da una Potenza sovrannaturale, nascosta, inaccessibile a criteri umani, che ancora oggi ci stupisce e ci affascina. In tal modo, sospinti, incoraggiati e affascinati da tale "Potenza Nascosta", il 5 Giugno 1994 ci siamo uniti in matrimonio e fusi come l'acqua e il vino, congiungendo le nostre vite in un vincolo indissolubile.

Fu così che io, Claudia, accolsi Roberto come mio sposo e io, Roberto, accolsi Claudia come mia sposa. Dobbiamo confessare che avevamo un po' tutti contro, vuoi per l'età, 26 anni, vuoi per le sicurezze che pretende il mondo – un lavoro sicuro e stabile, a Claudia mancava ancora la laurea in fisica – mentre non avevamo una casa, non avevamo un futuro sicuro. Insomma, a detta di molti e per l'eco di fondo di altri, eravamo circondati dal "divertitevi fin che siete giovani".

Tuttavia partimmo, spinti e ancora incoraggiati dal Libro dei Salmi e in particolare dal Salmo 126, il Canto delle ascensioni, di Salomone.

> Se il Signore non costruisce la casa,
> invano vi faticano i costruttori.
> Se il Signore non custodisce la città,
> invano veglia il custode.
> Invano vi alzate di buon mattino,
> tardi andate a riposare
> e mangiate pane di sudore:
> il Signore ne darà ai suoi amici nel sonno.

Ci fidammo del salmista, nello spendere le nostre forze per Lui. L'eternità è senza tempo, il suo giorno è lunghissimo, ma sembra non passare mai, gli anni sono tanti e l'insieme delle ore ci ha portato ad accogliere dodici gravidanze, figli e figlie, di alcuni dei quali non abbiamo conosciuto il cuore e il volto, ma che presto incontreremo. Siamo stati graziati e ci è stata concessa la grazia del salmo 126.

> Ecco, dono del Signore sono i figli,
> è sua grazia il frutto del grembo.
> Come frecce in mano a un eroe
> sono i figli della giovinezza.
> Beato l'uomo che ne ha piena la faretra:
> non resterà confuso quando verrà a trattare
> alla porta con i propri nemici.

Non sappiamo cosa ci è successo e ci succede e come sia successo. Non ne abbiamo compreso l'ampiezza, non siamo in grado di accogliere, gestire, amare, condividere perle preziosissime ma affidate a noi, incapaci di coglierne persino il senso.

Fu così che alla nascita di Eva chiedemmo a Colui che ce l'aveva donata di riprendersela... Pensavamo a figli sani e belli, non scarti e rottami inutili, senza senso, imbarazzanti e ingombranti, che appesantiscono e ti pongono solo dei limiti inutili e superflui. "Tutti quelli che Tu vorrai darci, ma sani". Che stoltezza, che pochezza, che ignoranza, che follia, che egoismo.

Per essere felici dobbiamo sempre mantenere un occhio fisso su Gesù e uno fisso sui poveri, su Eva e il suo sorriso pieno di luce vera. Un sorriso disarmante, che trasmette ciò che ha nel suo cuore: l'amore sincero per te che le stai accanto, una gioia contagiosa, uno sguardo carico di benevolenza che non guarda alle apparenze, ma solo alla sostanza; non fa distinzioni tra le persone che la vanno a trovare in base alla classe sociale; riesce a comunicare perché ti fa partecipe di ciò che lei vive.

Dal suo silenzio vogliamo imparare a pregare. Abbiamo veramente scoperto che il silenzio è l'unica lode vera e degna.

Tanti ragazzi e ragazze, dopo averla frequentata, sono usciti dal loro tunnel dell'indifferenza e dell'egoismo. Tante altre persone, che vivevano nel buio più profondo, sono diventate poi "uomini nuovi". Eva interpella quella parte della nostra coscienza più atrofizzata dal male. Oggi molte di queste persone, che pensavano solo alla morte, recuperate da Eva, svolgono la loro missione all'interno della società.

In questi anni ci siamo accorti della sua incessante operosità, soprattutto nell'accogliere le grida di aiuto, dinanzi alle molteplici sofferenze e alle continue suppliche dei disperati di ogni genere che la spingono instancabilmente, giorno e notte, a offrirsi per gli altri. Dinanzi alle molteplici sofferenze si coinvolge, è come se chiedesse al Signore di espiare, di intervenire, anche presentando le sue personali offerte.

Questo avviene regolarmente nel tempo di Avvento e nel tempo di Quaresima; in questi quaranta giorni soffre (come si suol dire) le pene dell'inferno. In un primo momento credevamo fossero pure coincidenze, ma – trascorsi 16 anni – le nostre coscienze iniziano a interrogarsi. La nostra presunta sapienza e intelligenza ci impedisce di comprendere queste cose, ma lei piccola donna, con la sua grande fragilità e umiltà, ce le rivela e ce ne fa appena intravedere la dimensione dell'infinito.

Siamo tutti affamati d'amore perché siamo tutti troppo indaffarati. Eva ci sta facendo cogliere che una vita non vissuta per gli altri non è una vita.

Per assistere Eva ci facciamo aiutare da ragazze che normalmente contattiamo per mezzo di siti di lavoro e, spesso, succede che le stesse si sentano come chiamate, quasi obbligate. Ci raccontano che si decidono a collaborare, come se fossero attirate da una forza sovrannaturale. Eva – dicono – è come se chiamasse dal buio per accendere una fiaccola. Ma questo accade ancor prima di averla vista, nei primi contatti telefonici conoscitivi.

Più volte ci è capitato di ragazze che, dopo un lungo periodo, ci informano di essere state contattate da terzi per un nuovo lavoro, ma che poi rifiutano sentendosi chiamate. Eva ti guarisce non perché ti dice il tuo errore, ma perché, mentre tu le parli, lei ti accoglie con il suo amore, così che viene anche a te nostalgia di amare. Molte di queste ragazze portano delle ferite profondissime, problemi depressivi, disturbi della coscienza e persino dell'anima, a causa di spiriti che a volte si sono persino resi manifesti (l'uomo è maturo quando arriva a capire che c'è il mistero, cioè che tutto non si riduce a quello che lui vede e capisce).

Siamo come spettatori di un grande duello, costante, permanente; un combattimento che si realizza – ne scorgi appena l'ombra – e che si colloca su un piano che trascende la nostra percezione visiva e temporale, ma di cui si comprende l'immensa grandezza d'infinito.

Eva ci sta portando a una conversione completa, come anche i molti che l'avvicinano. Questa bambina sta partecipando alla redenzione, all'espiazione. Il senso del mistero della sofferenza è anche capire la vanità delle cose, che ti riportano a ciò che conta di più e ti preparano il cuore al grande incontro con il Padre. Eva ci invita a fare presto: non a fare buoni propositi, ma a cambiare il nostro modo di essere, con la preghiera, atto necessario per togliere via tutti gli idoli. Per imparare a camminare e a stare in piedi, occorre imparare a stare in ginocchio.

Vogliamo condividere questa nostra esperienza con tutti, non solo con le famiglie che pensano di stare vivendo un dramma famigliare causato dall'incontro con la malattia, ma con tutti. Gli uomini e il mondo non si reggono da soli, noi tutti non possiamo stare in piedi, non possiamo essere felici, non riusciamo a togliere quel velo di insoddisfazione, stanchezza e noia se non ci lasciano guidare e interpellare da questi fari. Quello che noi, e non solo noi, credevamo scarto, si è trasformato in un tesoro preziosissimo. Dobbiamo rivedere la nostra società, dobbiamo avere il coraggio di eliminare tutte le RSA e tutte le strutture all'interno delle quali chiudiamo tutti i nostri tesori preziosissimi.

Sino a oggi noi abbiamo condiviso la nostra esperienza solo con i vicini, ma sentiamo che è obbligatorio condividere con tutti ciò che per altro non ci appartiene. Perciò è necessario non chiudersi, ma condividere e coinvolgere. È solo uscendo, aprendo la nostra casa, accogliendo, condividendo, che ci stiamo arricchendo. Non dobbiamo temere gli innumerevoli nemici, che provano a scoraggiarci ma che poi svaniscono come vapore d'acqua.

Ora che le nostre menti si sono svegliate dal torpore dell'indifferenza, delle cose che passano, percepiamo che il nostro tesoro, scoperto e ritrovato, se ne partirà presto...

Un caro amico (Fabio) – anzi più che un amico, un vero fratello – più di tutti ha voluto scrivere questo libro, spronandoci perché pensavamo di essere soli. Lui pure ha riconosciuto il tesoro e quanto il tesoro aveva da dire a tutti; ci ha incoraggiati e stimolati a fare presto, a raccontare questa meravigliosa scoperta. Probabilmente, nella sua saggezza, riconosce che ci verrà presto tolta. Ma basterà stringersi a qualche altra famiglia che sia stata visitata dalla stessa luce. Attenzione: "luce, non tenebra", luce che è senso per il nostro cammino. Eva è il nostro faro che ci dona luce, perché vive ciò che è, perché ciò che sei grida molto più forte di quello che dici.

Chi ci impedisce di amare per primi?
Chi ci impedisce di dire la verità?
Chi ci impedisce di gettarci nella vita?
Chi ci impedisce, ogni volta che c'è un fratello nel bisogno, di metterci in discussione per vedere se c'è un posto in casa nostra?
Chi ci impedisce di vivere mondi vitali nuovi, un nuovo modo di essere?

Postfazione

La difficile mediazione narrativa di un miracolo di vita

di Gianni Varani

Adesso, giunto al termine di questa piccola fatica narrativa, posso confessarlo: stavo per gettare la spugna. Per qualche settimana ho meditato a lungo se sottrarmi al gentile invito ricevuto da Gianluigi Poggi, il saggio e paziente presidente di "Insieme per Cristina", che mi ha proposto di raccontare di Eva e della vita che ha attorno. Se qualcuno ha letto e trovate inadeguate le pagine precedenti, è del tutto legittimo che possa pensare che avrei fatto meglio a farmi da parte e a cercare qualcuno più autorevole di me.

Avevo davanti una ripida salita e uno scopo impegnativo: far parlare il più possibile, senza interferire, quello che si incontra a casa Lappi. Non è una impresa facile, ho subito pensato, anche se è stato immediato e naturale essere accolto, da loro, come è stato semplice accettare questa loro calda e inusuale accoglienza e subirne un forte contraccolpo umano di stupore e di gratitudine.

Ho fatto di tutto per non comparire, tra le righe. M'interessava solo che parlasse Eva e chi è con lei. A un certo punto, di fronte al miracolo di vita che ho letteralmente visto e toccato, ho pensato che questo "lasciar trasparire" e dare voce a chi non ha voce a me non sarebbe riuscito. Troppo profondo, quel che ho percepito. Sappiamo tutti – e lo sa bene chi tenta di dare forma a un testo e testimoniare, con le parole, quel che ha incontrato – che è impossibile non metterci qualcosa delle proprie reazioni ed emozioni, rischiando di ridurre, se non tradire, la realtà attraverso la propria "traduzione".

Traduttore traditore, recita un noto motivetto. In qualche modo è inevitabile. L'importante è che la mediazione narrativa di altro da sé sia sincera, non egocentrica, e non pretenda di esaurire quel che ha incontrato. In qualche modo non è fallita, questa mediazione, se porta almeno a interrogarsi sul significato di un'esistenza – per questo il titolo, *Il senso di Eva per la vita* – o a fare intravedere, come scriveva Montale, qualcosa "più in là", oltre la banalità dell'ovvio e dello stanco e ripetitivo scetticismo che oggi imperano ovunque.

Ma c'è stata un'altra difficoltà, in questa salita che stavo per abbandonare. Attingo, per spiegarla, a un riferimento letterario. Il grande scrittore russo Dostoevskij, nella seconda metà dell'Ottocento, si chiedeva:

"Un uomo colto, un europeo dei nostri giorni, può credere, credere proprio, alla divinità del Figlio di Dio, Gesù Cristo?"[2]. La domanda è inattuale e, allo stesso tempo, di assoluta attualità anche ai nostri giorni ed è del tutto pertinente, in questa nostra vicenda, perché – incontrando Eva, nel terzo millennio, 150 anni dopo il quesito di Dostoevskij – ho incontrato la fede cristiana, intensa e umana, dei suoi genitori. Roba d'altri tempi? Qualche contemporaneo lo penserà di certo.

Eppure, pur circondata da un mondo scettico, la loro è una fede vissuta nel presente. Non è rivolta all'indietro. Non è brandita, declamata, parimenti non è nascosta; ed è senza complessi, senza alterigia, con evidente letizia, nonostante fatiche e prove. Ho anche invidiato in alcuni momenti, lo ammetto, la naturalezza con cui sanno pregare, senza imporre ad alcuno questa preghiera. Del resto, l'impresa artigiana di Roberto si chiama Ora et Labora, una formula eloquente e programmatica, anche se questa antica regola, "prega e lavora", alla maggior parte degli europei dei nostri giorni, per fare eco a Dostoevskij, non dice nulla.

Non volevo in alcun modo celare o ridurre questa evidente posizione umana e religiosa, nemmeno con-

[2] F. Dostoevskij, *I Demoni. I taccuini per "I demoni"*, Sansoni, Firenze 1963.

finarla a una sorta di santino pio ed edificante. Quel che ho visto, o forse solo intravisto, non è un residuo tradizionale del passato o una testimonianza da ritagliare e archiviare, per confortare i residui fedeli del cattolicesimo. Ho visto umanità, lacrime e letizia; ho conosciuto accoglienza autentica e non solo a parole; sono stato messo a parte di dolori intimi e di speranze, di fede e di domande che non avevo previsto.

«È roba forte», mi vien da dire, per chiunque. Con fede o senza fede. Per questo ho desiderato che le parole non fossero di ostacolo a qualsiasi tipo di lettore, atei inclusi. D'altra parte, questo piccolo villaggio di Eva ha accolto e accoglie, senza pretendere certificati all'ingresso, prostitute, senzacasa, carcerati ed ex carcerati, tossici. O semplicemente dei bisognosi. Sia credenti che miscredenti. Addirittura anche qualcuno estremamente ostile e, forse, pericoloso. L'elenco non è breve.

Non so se sono riuscito in questo parlare "laicamente" a tutti. Aggiungo che ho raccontato solo una minima parte di quello che c'è nel prezioso giacimento umano di Eva e della sua cittadella.

Ho dovuto anche superare, in me stesso, una perplessità che certamente non è solo mia: tutta questa vita familiare così carica di idealità e di grande accoglienza umana è certamente bellissima, toccante, desiderabile, ma è solo una nicchia di umanità, nobile e ininfluente nella grande storia del mondo, nel quale prevalgono l'odio, l'ingiustizia e l'assurdo. È un'antica obiezione che s'infiltrò sul percorso del fondatore del Cristianesimo e che ricomparirà sempre. Oggi ho in realtà ancora più risposte a questa perplessità secolare; qui mi basta dire che il mondo, o semplicemente Bologna e la sua regione, sarebbero molto più miseri se non ci fossero Eva, la sua comunità e diverse altre famiglie come i Lappi, anche se Bologna o il mondo non sanno nemmeno che esistono.

C'è infine, per essere onesti fino in fondo, un ultimo ostacolo che ho dovuto superare e che i Lappi certamente ignorano e non hanno palesemente vissuto nei miei confronti. È una piccola difficoltà, secondaria alla fin fine, ma può forse dire qualcosa sui travagli che affliggono, a volte e a lungo, diversi soggetti che vivono nell'ambito della Chiesa Cattolica.

Vengo anche io da una storia ecclesiale. Ho trascorso gran parte della mia esistenza seguendo in qualche modo l'esperienza di Comunione e Liberazione. Non sono quindi del tutto digiuno di pratiche religiose. So bene che nel mondo cattolico e fuori di esso, per decenni, sono state contrapposte due personalità rilevanti: don Luigi Giussani, il fondatore di Comunione e Liberazione, e don Giuseppe Dossetti. Lo segnalava del resto, anni fa, una figura ben più autorevole del sottoscritto, il cardinale Giacomo Biffi, che fece incontrare i due straordinari religiosi a Monte Sole. Quando ho conosciuto Roberto Lappi sono stato abbracciato non da un discepolo di Dossetti, ma da un suo figlio. Il cammino di Roberto si è intrecciato in modi umanamente profondissimi con quelli del fondatore della Piccola Famiglia dell'Annunziata. Non credo di poter raccontare qualcosa di così intenso e fedele da parte mia, nel mio cammino. Per un attimo avevo supposto che avrei avvertito una cifra religiosa molto lontana dalla mia sensibilità e che avrei faticato a raccontarla. Alla fine, quando Roberto e la sua famiglia mi hanno aperto la loro casa e il loro cuore, come fossi un amico di lunga data, d'un balzo ho capito quello che avevo sempre creduto, in teoria, di sapere: che c'è una grande casa e una famiglia più grande di ognuno di noi, delle nostre comunità o gruppi, e di tutte le nostre supposte o reali differenze.

È una casa vasta – qualcuno la definisce Mater et Magistra – che non le nega, queste sensibilità, ma le accoglie, qualche volta le corregge, spesso le valorizza, con i tempi e i modi suoi e con gli accenti diversi dei suoi pastori (che sono uomini anch'essi). Soprattutto cerca di guidare tutti i suoi numerosi figli, multiformi e spesso irrequieti e indocili, verso la loro meta più grande. Che è la meta di Eva e di ognuno di noi.

Alla fine, superate le mie personali resistenze, mi sono arreso all'invito paziente di Poggi e ho accettato il rischio di scrivere qualcosa di questa avventura, qualunque sia l'esito "letterario" raggiunto, perché ho sentito che dovevo anche io dare testimonianza a Eva e alla sua famiglia, ringraziando per quello che ho visto e per il calore ricevuto.

Queste righe sono il mio grazie. Quello che c'è di buono, in questo racconto, è tutto merito di Eva e della sua famiglia. Quello che invece appare carente e inadeguato – ed è sicuramente tanto – è tutto da imputare all'autore.

Noi e il senso di Eva per la vita

Mons. Fiorenzo Facchini
Presidente della Fondazione S. Chiara
Presidente della Fondazione I.P.S.S.E.R.

Non è una biografia. Non è solo un genere letterario non comune.

Sono narrazioni di persone che hanno conosciuto una esperienza di vita singolare che li ha segnati profondamente e tuttora impronta la loro vita.

È la comunicazione dell'incomunicabile, attraverso racconti e testimonianze in cui la personalità di Eva emerge come testimonianza di una persona che non riesce a comunicare né con la parola né con lo scritto, e neppure con dei gesti, ma solo col fatto di esserci e con lo sguardo.

Non c'è soltanto Eva, ma i familiari che ne sono coinvolti. Una testimonianza di famiglia, spesso offerta con un linguaggio non verbale e raccontata in modo coinvolgente.

Eva ha 18 anni. Non ha autonomia di movimento, ha dimensioni corporee di una bambina, è allettata, non parla, ti guarda e sorride. Quello che vuol comunicare lo sa solo lei, ma sente l'affetto di chi le vuole bene.

Dai diversi racconti traspaiono testimonianze dei familiari in circostanze diverse, in esperienze di vita, segnate da sofferenza, da limitazioni nelle consuete forme di comunicazione.

Esse non hanno però impedito di dare e suscitare amore in un singolare coinvolgimento della famiglia.

Per lei non c'è stata la istituzionalizzazione. È rimasta sempre con la sua numerosa famiglia: i genitori, che considerano Eva un dono del Signore, anzi una presenza vera del Signore, e sette fratelli, che in modi diversi ne sono coinvolti.

I protagonisti della storia di Eva sono molti, sono le persone che formano la sua famiglia o sono entrate nella vita di Eva, perché l'hanno conosciuta in qualche occasione per il rapporto o l'amicizia con i suoi genitori o con i fratelli e hanno avuto relazioni con lei. La relazione è una caratteristica del mondo della natura, a partire dal livello molecolare fino alle forme viventi, alle persone.

La vita è relazione. La relazione cosciente è alla base della vita sociale, una forma di comunicazione tra le persone, anche se manca qualche capacità di ordine sensoriale. Ciò che si comunica è il fatto di esserci, di volere bene, di sentirsi amati. La relazione, arricchita dall'amore, è ciò che ci fa umani.

Quando si incontrano persone come Eva, c'è sempre uno scambio, un dare e un ricevere. C'è un ritorno nella vita delle persone che l'avvicinano. È un'esperienza che non si fa solo con Eva, ma con lei la testimonianza è singolare per la serenità dell'ambiente familiare da cui è avvolta.

Esso è stato fondamentale per lei, per il suo modo di comunicare e soprattutto per il contenuto del messaggio che viene trasmesso.

Le persone della sua famiglia hanno accettato la sfida che la vita di Eva lanciava. I genitori hanno visto nella loro piccola una presenza singolare di Gesù, una presenza vera, accostabile all'Eucaristia, e hanno saputo coinvolgere gli altri figli senza forzature. È la testimonianza di una famiglia sostenuta da una forza, è bello riconoscerlo.

Di tutto questo desidero dare testimonianza e ringraziare il Signore.

Massimo Pandolfi
Caporedattore centrale del Resto del Carlino
Presidente del Club "L'inguaribile voglia di vivere"

"Non è nulla, ma è tutto". Il mistero di Eva. Un mistero che rivoluziona, che ci ribalta. E se ci si ribalta dentro, la vita finisce in discussione: anche le oasi di tranquillità e perbenismo che garantiscono le nostre abitudini, sane abitudini, per carità. Quando i genitori di Eva raccontano che "dobbiamo rivedere la nostra società, dobbiamo avere il coraggio di eliminare tutte le RSA e tutte le strutture all'interno delle quali chiudiamo tutti i nostri tesori preziosissimi", ecco che il piccolo castello di carta, di diritti e buonsenso che inevitabilmente e umanamente ci costruiamo nella nostra esistenza, crolla. E se crolla non possiamo che porci in due modi di fronte a questo fatto, a questa rivoluzione: o (prima ipotesi) diciamo che i due signori, Claudia e Roberto, moglie e marito, mamma e papà di questo inerme e silenzioso corpicino fatto di pelle e ossa che si chiama Eva, sono due poveri genitori straziati dal dolore, un po' visionari e bravi loro, certo, che hanno trovato un senso da dare a questa roba qui; ma la vita vera è un'altra cosa. Oppure (ipotesi numero due), ecco oppure, si cominciano ad aprire gli occhi, il cuore, la mente e si prova non a capire o giudicare ma ad abbracciare questa realtà che si è costruita attorno a Eva, Claudia e Roberto e che poco alla volta si è allargata, straripante, come straripante è la vita se noi non vogliamo metterci i nostri paletti per provare a frenarne le onde. E questa straripante realtà è diventata un popolo, una comunità, una montagna di bene, un fiume di vita che scorre.

Chiudere le RSA, le case di riposo. Sembra una follia, una provocazione. Perché le case di riposo, le strutture per i nostri vecchi, i nostri malati, i nostri disabili, anche bimbi come Eva, sono una cosa buona e giusta, perbacco! Il *welfare,* lo stato sociale, mille piccole conquiste, passi avanti, tutti gli sforzi che lo Stato poco alla volta ha fatto e continua a fare per garantire dignità e servizi ritenuti indispensabili a tutti i cittadini...Come si fa senza? Mica possono avere tutti la miracolosa forza di andare avanti di Claudia, Roberto e la loro tribù.

Certo, nessuno si deve avvilire se non ce la fa più ad accudire il proprio papà malato di Alzheimer che diventa anche cattivo con te; oppure se non ce la fa più, tutti i santi giorni e per anni (anche a livello economico, fra l'altro) ad accudire un figlio piombato nel mistero dello stato vegetativo dopo un incidente, ad esempio; o se non ce fa più a sopportare le follie di una sorella drogata, sbandata, in apparenza ormai inutile e solo pericolosa; o se infine non ce la fa più a star dietro a una bimba come Eva, nata strana, misteriosa, silenziosa. La vita è piena di imprevisti, dolori, contraddizioni, misteri. Censurarli non serve a nulla.

I silenzi di Eva urlano, sbraitano. E allora ecco che questa storia, queste storie, quando provi a viverle e non solo studiarle, ci insegnano che vita è qualcosa di decisamente più grande di quella che a volte vorremmo costruire noi. La vita è compagnia, amore, condivisione, stringersi la mano forte, abbracciarsi, anche solo con gli occhi. Fidarsi, affidarsi. Abbandonarsi a lei. La vita non è solitudine. Sì, sarebbe bellissimo poter vivere senza RSA e tenendoci stretti a casa i nostri vecchietti, malati, storpi. I nostri tesori.

Roberto e Claudia dicevano quando è nata Eva: "Perché proprio a noi?". Ora hanno ripetuto al bravissimo Gianni Varani che, con la sua penna brillante e delicata ci ha accompagnati nel cuore, nella "carne" della storia: "Per fortuna che è nata qui da noi".

Dice Caterina, sorella di Eva: «Non lo si impara leggendo un libro chi è Eva, ma andandola a trovare».

Ecco, noi proviamo a fare entrambe le cose: leggiamolo questo libro, divoriamocelo. Sono certo che automaticamente ci verrà voglia di andarla a trovare, Eva. Perché siamo tutti affamati di vita, di realtà, di bellezza, anche se a volte facciamo finta di niente.

Ed Eva è vita, realtà, bellezza.

Francesca Golfarelli
Presidente dell'associazione "Insieme per Cristina ApS"

Per entrare nella casa di Eva non bisogna bussare perché la porta è sempre aperta.

E lei è sempre lì.

Da 18 anni.

Qualcuno quando nacque profetizzò che sarebbe salita presto in cielo, ma non era la visione giusta e questa volta (forse non l'unica) la profezia è stata smentita. Quando l'ho incontrata la prima volta mi ha sorriso con occhi così grandi che rispecchiavano chiaramente chi aveva davanti, non solo a figura intera ma con uno sguardo tridimensionale. Ogni aspetto di me si è riflesso in quello sguardo e non è stato uno scherzo ottico perché da quegli occhi partono raggi X che ti entrano dentro, portandoti serenità e pace che solo il Mistero sa generare.

Eva toglie immediatamente tutte le scorie, mi ha messa a nudo facendomi sentire così bene da dimenticare la sua innegabile sofferenza. Lo sguardo di Eva cancella ogni dolore, il suo e il nostro.

Si può parlare di sofferenza redentrice?

Sconfinare dalla sua camera alla sala dove si svolge tutta la convivialità della famiglia Lappi mi ha causato una ulteriore sensazione, facendomi diventare parte di un presepe di cui subito mi sono sentita protagonista. La famiglia di Eva è così delicata, benché certo non priva di vivacità, che appena ti accoglie ti pone al centro come se improvvisamente la vita dell'ospite fosse il centro del mondo, un mondo che assorbe la parte migliore di chi ha l'opportunità di entrarvi, trasformandolo in un messaggero di quella Pace che si assorbe e si fa propria immediatamente. Protagonista di una realtà, non di una favola.

Perché i Lappi esistono davvero come davvero è esistita la famiglia di Betlemme che ha cambiato il mondo. Venendo a quello che Gianni Varani trasmette nel libro, ho imparato da questo testo a riconoscere che c'è un filo conduttore nello sviluppo degli incontri tra le persone, sviluppo che diventa relazione: la possibilità di tirare fuori, osservando l'altro, la visione del mondo.

In questo libro che è in fondo un'unica pagina (l'ho letto tutto di un fiato come fosse una unica pagina) c'è la visione dell'autore che fa da filtro a una notizia: esiste a Bologna un angolo sacro che culla una bambina. Una culla che viene bene descritta dall'autore, il cui limite è quello di non soffermarsi sui pastori lasciati sullo sfondo.

È solo una pagina, una affascinante e profonda descrizione di un inizio.

Ho la sensazione che l'autore si sia limitato a dare la notizia consapevolmente per lasciare a ognuno di noi la libertà di continuare o meno a entrare nella storia, con una delicatezza espressiva che porta a desiderare di conoscere il luogo in cui è posta quella culla.

E questo è importante perché diventa un invito a incontrare Eva.

Il resto lo scriverà ogni persona che non vorrà fermarsi alla notizia, ma desidererà entrare in una storia divenendone parte. In fondo il Vangelo non è una notizia? E chi desidera rispondere all'invito degli Evangelisti entra nella vera storia.

Mi sono commossa nel leggere il libro e le lacrime sono scese spontanee nel pensare la grande opportunità che mi ha dato l'autore: conoscere una famiglia che testimonia come vivere i comandamenti.

Indice

Stampa: Rotolito SpA - Seggiano di Pioltello (MI)